# 初級中国語

Xiàoyuán

# 校园

キャン

# 目次

# 课堂 用语

教室で使う言葉

 Audio 1-02

Shàngkè.
①上课。
授業を始めます。

Nǐmen hǎo !
你们 好！
皆さん、こんにちは。

Lǎoshī hǎo !
——老师 好！
先生、こんにちは。

Xiànzài kāishǐ diǎnmíng.
②现在 开始 点 名。
これから出席をとります。

Píngtián tóngxué.
平田 同学。
平田さん。

Dào.
——到。
はい。

Qǐng dǎkāi kèběn dìyī yè.
③请 打开 课本 第一 页。
教科書の１頁を開いてください。

Qǐng gēn wǒ niàn.
④请 跟 我 念。
私について読んでください。

Qǐng dàjiā yìqǐ niàn.
请 大家 一起 念。
皆さん一緒に読んでください。

Qǐng zài shuō yí biàn.
请 再 说 一 遍。
もう一度言ってください。

Dǒng le ma ?
⑤懂 了 吗?
わかりましたか。

Dǒng le.
—— 懂 了。
わかりました。

Bù dǒng.
——不 懂。
わかりません。

Xiànzài xiàkè.
⑥现在 下课。
授業終了です。

Xiàzhōu jiàn.
——下 周 见。
来週会いましょう。

# 中国語とは何か？

## ■ 中国語とは何を指すのか？

　中国語とは広義では中華圏で話されている言葉を指し、中国では"汉语（漢語）"といいます。
多民族国家の中国で、9割を占める漢民族の言葉です。方言の違いが大きいため、共通語に相
当する"普通话"があります。皆さんがこれから学ぶ言葉です。

"汉语（漢語）"　　　　　　漢民族が話す言葉（方言を含む）。

"普通话（共通語）"　　　　普く通じる共通語。北方方言が基礎。

## ■ 中国語の文字

　中国語は全て漢字で書きます。現在、中国で使われているのは簡略化した漢字を多く含む
「簡体字」です。皆さんがこれから学ぶのは「簡体字」です。一方、「繁体字」は旧字体のこと
で、台湾、香港では今もこの字体が使われています。

| 簡体字 | 关 | 听 | 钱 | 东 | 车 | 汤 |
| --- | --- | --- | --- | --- | --- | --- |
| 繁体字 | 關 | 聽 | 錢 | 東 | 車 | 湯 |
| 日本漢字 | 関 | 聴 | 銭 | 東 | 車 | 湯 |

## ■ 中国語の特徴

①一つ一つの音節（独立した音となる最小単位）に声調がある。

　声調とは音声の上がり下がりの調子のことです。"普通话"には声調が4種類あることから、
「四声」ともいわれています。

②中国語は基本的に1文字、1音節、1概念。

## ■ 中国語の発音表記

発音は"拼音（ピンイン）"というローマ字と声調記号を組合せた表記を使います。

声調記号　　子音　　母音

# 発音

## 1. 声調

📶 Audio 1-03

| 第1声 | 第2声 | 第3声 | 第4声 | 軽声 |
|---|---|---|---|---|
| mā（妈） | má（麻） | mǎ（马） | mà（骂） | ma（吗） |

| 第1声 | 高く平らに伸ばす。「ドレミファソ」の「ソ」の高さを保つ。 |
|---|---|
| 第2声 | 一気に引き上げる。「ええっ？」とびっくりした感じ。 |
| 第3声 | 低く抑える。「あーぁ」とがっくりした感じ。 |
| 第4声 | 一気に落とす。カラスが「カァ」と鳴く感じ。 |
| 軽声 | 軽く短く、前の音節に添えるように発音する。声調記号をつけない。 |

## 2. 単母音

📶 Audio 1-04

a　　o　　e　　i (yi)　　u (wu)　　ü (yu)　　er

＊（　　）内は子音がつかない場合のつづり方。

| a | 下あごを下げ、日本語の「ア」より口を上下方向に大きく開けて「ッアー」。 |
|---|---|
| o | 日本語の「オ」より唇を丸く突き出して「オー」。 |
| e | 日本語の「エ」の唇の形で、首の横筋に力を入れ、喉の奥から「オー」。 |
| i (yi) | 日本語の「イ」より唇をもっと左右にひき、笑顔で「イー！」。 |
| u (wu) | 日本語の「ウ」より唇をすぼめて突き出し、喉の奥から「ウー」。 |
| ü (yu) | 単母音 u の唇の形のままで「イー」。 |
| er | 単母音 e を発音しながら、舌をそりあげる。 |

## 3. 複母音　　単母音が二つ以上連なっているもの。３つタイプがある。

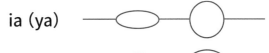 Audio 1-05

| ai | ei | ao | ou | |
|----|----|----|----|----|
| ia（ya） | ie（ye） | ua（wa） | uo（wo） | üe（yue） |
| iao（yao） | iou（you） | uai（wai） | uei（wei） | |

＊(　　)内は子音がつかない場合のつづり方。

### ①二重母音＞尻すぼみ型

### ②二重母音＜発展型

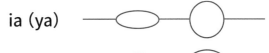

### ③三重母音◇ひしもち型（弱強弱型）

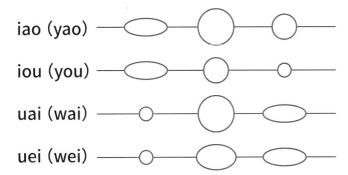

---

### 声調記号のつけ方

①母音の上につける。

②ａがあればａに。…māo（猫）　xiǎo（小）

③ａがなければｅかｏに (ｅとｏは一音節に同時に出現しない)。…xiè（謝）　duō（多）

④ iu と ui の場合は後の方に。…jiǔ（九、酒）　huí（回）

⑤母音一つの場合は迷わずに母音の上に。…nǐ（你）　kù（酷）

⑥ ｉ につける場合は、ｉの上の点をとる。…yī　yí　yǐ　yì

7

## 4. 子音

| | 無気音 | 有気音 | | | |
|---|---|---|---|---|---|
| しんおん<br>唇音 | b (o) | p (o) | m (o) | f (o) | |
| ぜっせんおん<br>舌尖音 | d (e) | t (e) | n (e) | | l (e) |
| ぜっこんおん<br>舌根音 | g (e) | k (e) | | h (e) | |
| ぜつめんおん<br>舌面音 | j (i) | q (i) | | x (i) | |
| じたおん<br>そり舌音 | zh (i) | ch (i) | | sh (i) | r (i) |
| ぜっしおん<br>舌歯音 | z (i) | c (i) | | s (i) | |

＊子音だけでは発音できないため、（　　）内の母音をつけて練習する。

---

### 子音の発音のチェックポイント

①「無気音」と「有気音」の違いに注意！

　無気音：息をなるべく出さない。　　　　有気音：息を強く出す。

②口の形、舌の位置、音を出す位置に注意！

| | | |
|---|---|---|
| 唇音 | b p m | 両唇を閉じた状態から唇を使って音を出す。 |
| | f | 上の歯を下唇の裏側に軽く付けて発音する。 |
| 舌尖音 | d t n l | 舌の先を使って音を出す。 |
| 舌根音 | g k h | 喉の奥から音を出す。 |
| 舌面音 | j q x | 口を左右に引いて音を出す。 |
| そり舌音 | zh ch | 舌先を立て、上歯茎よりやや奥に軽く付けて音を出す。 |
| | sh r | 立てた舌先を上歯茎の奥に近づけるが、どこにもつけない。 |
| 舌歯音 | z c | 口を左右に引き、舌先を上の前歯の裏につける。 |
| | s | 口を左右に引き、舌先はどこにもつけない。 |

③異なる3つの“i”の発音に注意！

　中国語の“i”は前の子音によって音が変わる。舌面音 ji qi xi の“i”は基本母音の［i］と同じだが、そり舌音 zhi chi shi ri の“i”、舌歯音 zi ci si の“i”はそれぞれ音が異なる。どのように違うか注意深く聞いて発音しよう。

---

### ピンインつづりのルール

①“j”、“q”、“x”の後に“ü”が続く場合、“ü”の上の¨（ウムラウト）を省略する。

　j＋ü → ju　jù（句）　　　q＋ü → qu　qù（去）　　　x＋üe → xue　xué（学）

②“iou”、“uei”の前に子音がつく場合、“o”、“e”を省略する。

　j＋iou → jiu　jiǔ（酒、九）　　　g＋uei → gui　guì（貴）

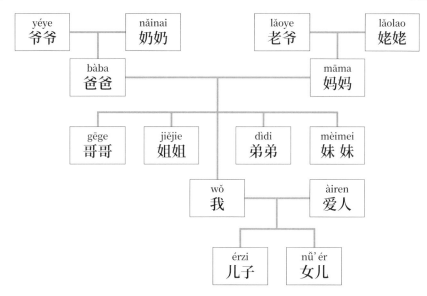

## 5. 鼻母音 ［-n, -ng を伴う母音］

 Audio 1-08

| -n | | -ng | | |
|---|---|---|---|---|
| an | en | ang | eng | ong |
| ian (yan) | in (yin) | iang (yang) | ing (ying) | iong (yong) |
| uan (wan) | uen (wen) | uang (wang) | ueng (weng) | |
| üan (yuan) | ün (yun) | | | |

＊（　　）は前に子音がない時のつづり方。

①前鼻音 "-n" 舌を上の歯茎の裏につける。

②後鼻音 "-ng" 口を開けたまま、舌の奥の方に力を入れて音を鼻にぬく。

③ ian (yan)　a は「エ」と発音する。

④ uen (wen)　子音が付く時は "-un" と表記。kùn（困）

練習 2 発音を聞いて、地名に声調記号をつけましょう。  Audio 1-09

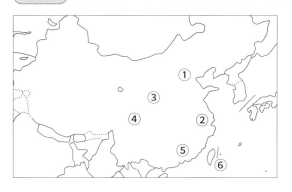

① Beijing （北京）

② Shanghai （上海）

③ Xi'an （西安）

④ Chengdu （成都）

⑤ Xianggang （香港）

⑥ Taiwan （台湾）

## 6. 声調変化

①第 3 声＋第 3 声 ➡ 第 2 声＋第 3 声

你好 nǐ + hǎo ➡ （ní hǎo…実際の発音）　　※表記はそのまま。

②不 bù +第 4 声 ➡ 不 bú +第 4 声

不对 bú duì　　不去 bú qù　　不要 bú yào　　※表記も変える。

③一 yī + 第 4 声 ➡ 一 yí +第 4 声

一次 yícì　　一万 yíwàn　　一共 yígòng　　※表記も変える。

一 yī +第 1 声・第 2 声・第 3 声 ➡ 一 yì +第 1 声・第 2 声・第 3 声

一千 yìqiān　　一年 yìnián　　一百 yìbǎi　　※表記も変える。

＊ "一 yī" が順番を表す序数の場合、変化しない。
　　一月 yīyuè　　第一页 dìyīyè　　第一课 dìyīkè

---

練習 3 　数字を発音して覚えましょう。

| líng | yī | èr | sān | sì | wǔ | liù | qī | bā | jiǔ | shí |
|------|-----|-----|------|-----|-----|------|-----|-----|------|------|
| 零 | 一 | 二 | 三 | 四 | 五 | 六 | 七 | 八 | 九 | 十 |

| shí yī | shí'èr | èr shí | èr shi yī | èrshi'èr | | jiǔ shi jiǔ |
|--------|--------|--------|-----------|----------|---|-------------|
| 十一 | 十二 | 二十 | 二十一 | 二十二 | …… | 九十九 |

| yì bǎi | yì qiān | yí wàn | yí yì |
|--------|---------|--------|-------|
| 一百 | 一千 | 一万 | 一亿 |

---

## 7. 儿 (アル) 化　　音節の末尾に r がつき、最後の母音を舌先をそり上げて発音すること。

花 huā + 儿 er ➡ 花儿 huār

玩 wán + 儿 er ➡ 玩儿 wánr　　　　　　※ r の前の n は発音しない。

小孩 xiǎohái + 儿 er ➡ 小孩儿 xiǎoháir　　※ r の前の i は発音しない。

空 kòng + 儿 er ➡ 空儿 kòngr　　　　　　※ r の前の ng は発音しない。

## 8. 挨拶と定番フレーズ

Nǐhǎo.
① 你好。

こんにちは。

Nínhǎo.
② 您好。

こんにちは。

Duì.
③ 对。

そうです。

Hǎo de.
④ 好的。

かしこまりました。

Xièxie.
⑤ 谢谢。

ありがとう。

Bú kèqi.
⑥ 不客气。

どういたしまして。

Duìbuqǐ.
⑦ 对不起。

すみません。

Méi guānxi.
⑧ 没关系。

大丈夫です。

Zàijiàn.
⑨ 再见。

さようなら。

Jiāyóu！
⑩ 加油！

頑張って！

# はじめに

　本テキストは、中国語を初めて学ぶ大学生を想定して作成したものです。本書の特徴は以下の通りです。

1. キャンパスを舞台とし、主人公二人の一年間の学生生活を通じて、様々な場面でコミュニケーションに必要となる語彙と文型を紹介しています。本編は一つの物語となっており、学生が関心を持ち、感情移入しやすいように構成されています。
2. 聞く、話す、読む、書くという能力を同時にバランスよく伸ばすように工夫した構成になっています。中でも「聞く力」を高めるトレーニングに重点を置いています。
3. 授業の中で会話練習をしやすいように、例文の多くを質問とそれに対する答えという形式にしています。
4. 本テキストは文法→会話→文型練習→読解という順序で学習を進め、最後は練習問題で総仕上げできるようになっています。

　学習者の皆さん、この物語の主人公になったつもりで、感情をこめて大きな声で中国語を話してみましょう。

　本書の出版に際し、ご尽力いただいた松柏社の森有紀子さんをはじめとする関係者の方々、イラストを描いてくださった森若彩一子さんに、心より感謝申し上げます。

2020 年　　著者

# 校园 故事

Xiàoyuán gùshi

キャンパス物語

王 岚（王嵐）
上海出身の留学生

平田 翔（平田翔）
日本の大学生

## 品詞一覧

| | | | |
|---|---|---|---|
| 名 名詞 | 代 代名詞 | 動 動詞 | 助動 助動詞 |
| 形 形容詞 | 副 副詞 | 前 前置詞 | 助 助詞 |
| 量 量詞 | 方 方位詞 | 接 接続詞 | 接尾 接尾辞 |

Dì yī kè
第一课 | yǔfǎ yàodiǎn
语法要点

## 1. 人称代名詞　　　　　　　　　　　　　　　　　Audio 1-14

| | 一人称 | 二人称 | 三人称 | 疑問詞 |
|---|---|---|---|---|
| 単数 | wǒ<br>我（私） | nǐ　nín<br>你 您（あなた） | tā　　　　tā<br>他（彼）她（彼女） | shéi<br>谁（誰） |
| 複数 | wǒmen　zánmen<br>我们 咱们（私たち） | nǐmen<br>你们（あなたたち） | tāmen　　　　tāmen<br>他们（彼ら）她们（彼女ら） | |

＊"您"は"你"の敬語。複数は"你们"のみ。

＊"咱们"は聞き手を含んだ「私たち」。

## 2. 苗字の尋ね方と答え方　　　　動詞"姓"「～という」

　　　主語 ＋ 姓 ＋ 苗字

Nín guìxìng ?　　　　　　　　　　　　Wǒ xìng Wáng.
您 贵 姓 ?　　　　　　　　　 ―我 姓 王。

## 3. フルネームの尋ね方と答え方　　動詞"叫"「～という」

　　　主語 ＋ 叫 ＋ 氏名

Nǐ　jiào shénme míngzi ?　　　　Wǒ jiào Wáng Lán.
你 叫 什么 名字 ?　　　 ―我 叫 王 岚。

## 4. 動詞"是"「～である」

　　　主語 ＋ 是 ＋ 誰／何

Wǒ　shì　xuésheng.
肯定文：我 是 学生。
Tā bú shì　xuésheng.
否定文：他 不 是 学生。
Nǐ　shì　xuésheng ma ?
疑問文：你 是 学 生 吗 ?

## 5. 副詞"也"「～も」　　＊副詞は動詞や形容詞の前に置く。

Tā　　yě shì Zhōngguórén.
她 也 是 中国人。
Wǒ　　yě hěn gāoxìng.
我 也 很 高兴。

Nǐ jiào shénme míngzi ?
## 你 叫 什么 名字？

▶王嵐が研究室を探していると、平田翔が現れました。

Nǐ hǎo.
王岚　你 好。

Nǐ hǎo.
平田　你 好。

Nǐ shì Zhōngguórén ma ?
王岚　你 是 中国 人 吗？

Wǒ bú shì Zhōngguórén.
平田　我 不是 中国 人。

Wǒ shì Rìběnrén.
我 是 日本 人。

Wǒ jiào Píngtián Xiáng.
我 叫 平田 翔。

Nǐ jiào shénme míngzi ?
你 叫 什么 名字？

Wǒ jiào Wáng Lán.
王岚　我 叫 王 岚。

Rènshi nǐ, hěn gāoxìng.
平田　认识 你, 很 高兴。

Wǒ yě hěn gāoxìng.
王岚　我 也 很 高兴。

shēngcí
生词（新出単語）

语法要点　　 Audio 1-16

姓 xìng　動 苗字は〜という

贵姓 guìxìng　苗字を何とおっしゃいますか

叫 jiào　動 〜と言う

什么 shénme　代 何

名字 míngzi　名 フルネーム

是 shì　動 〜である

学生 xuésheng　名 学生

不 bù　副 〜でない、〜しない

吗 ma　助 〜か

也 yě　副 〜も

中国人 Zhōngguórén　名 中国人

很 hěn　副 とても

高兴 gāoxìng　形 嬉しい

会话　　 Audio 1-17

你好 nǐhǎo　こんにちは

日本人 Rìběnrén　名 日本人

认识 rènshi　動 知り合う

**1.** 単語を覚えましょう。　　　　　　　　　　　　　　　📶 Audio 1-18

Zhōngguó ❶ 中国　　　Hánguó ❷ 韩国　　　Měiguó ❸ 美国　　　Yīngguó ❹ 英国　　　Àodàlìyà ❺ 澳大利亚

xiǎoxuéshēng ❻ 小学生　　zhōngxuéshēng ❼ 中学生　　gāozhōngshēng ❽ 高中生　　dàxuéshēng ❾ 大学生　　liúxuéshēng ❿ 留学生

**2.** 発音を聞いて書き取りましょう。　　　　　　　　　📶 Audio 1-19

Nǐ shì Rìběnrén ma?
① 问 你是日本人吗？

Wǒ shì Rìběnrén.
答 我是日本人。

问 _____

答 _____

Tā shì Měiguórén ma?
② 问 他是美国人吗？

Tā bú shì Měiguórén, tā shì Yīngguórén.
答 他不是美国人，他是英国人。

问 _____

答 _____

Tāmen yě shì Zhōngguórén ma?
③ 问 她们也是中国人吗？

Tāmen yě shì Zhōngguórén.
答 她们也是中国人。

问 _____

答 _____

## 读（読む） 平田的日记 dú Píng tián de rì jì

Audio 1-20

Jīntiān, wǒ rènshi le Wáng Lán. Tā shì Zhōngguó
今天，我 认识 了 王 岚。她 是 中 国

liúxuéshēng. Rènshi tā, wǒ hěn gāoxìng.
留学生。认识 她，我 很 高兴。

的 de 〔助〕～の

日记 rìjì 〔名〕日记

今天 jīntiān 〔名〕今日

了 le 〔助〕～た（完了）

## 听 和 说（聞く、話す） tīng hé shuō

Audio 1-21

発音を聞いて質問を書き取りましょう。

① 问 ＿＿＿＿＿＿＿＿＿＿＿ ？

Tā jiào Wáng Lán.
答 她 叫 王 岚。

② 问 ＿＿＿＿＿＿＿＿＿＿＿ ？

Tā shì Zhōngguó liúxuéshēng.
答 她 是 中 国 留学生。

③ 问 ＿＿＿＿＿＿＿＿＿＿＿ ？

Tā shì dàxuéshēng.
答 她 是 大学生。

## 写（書く） xiě

**1.** 中国語の誤りを直しましょう。

① 我姓王岚。 ＿＿＿＿＿＿＿＿＿＿＿

② 他也韩国人。 ＿＿＿＿＿＿＿＿＿＿＿

③ 她是中国人留学生。 ＿＿＿＿＿＿＿＿＿＿＿

**2.** 中国語に訳しましょう。

① 彼も大学生です。 ＿＿＿＿＿＿＿＿＿＿＿

② あなたのお名前は何とおっしゃいますか。 ＿＿＿＿＿＿＿＿＿＿＿

③ あなたとお知り合いになれてうれしいです。 ＿＿＿＿＿＿＿＿＿＿＿

## 1. 指示代名詞

🔊 Audio 1-22

|  | 近称 | 遠称 | 疑問 |
|---|---|---|---|
| 単数 | zhè zhège<br>这 这个（これ） | nà nàge<br>那 那个（それ、あれ） | nǎ nǎge<br>哪 哪个（どれ） |
| 複数 | zhèxiē<br>这些（これら） | nàxiē<br>那些（それら、あれら） | nǎxiē<br>哪些（どれ） |

＊"这、那、哪"は目的語にはならず、"这个、那个、哪个"が使われる。

＊口語では、"这 zhè、那 nà、哪 nǎ"の発音はよく"这 zhèi、那 nèi、哪 něi"となる。

① 人を指す　　Zhè shì wǒ tóngxué.　　Nà shì wǒ māma.
　　　　　　　这 是 我 同学。　　　那 是 我 妈妈。

② 物事を指す　Zhè shì Hànyǔ cídiǎn.　Nàxiē shì Rìyǔ cídiǎn.
　　　　　　　这 是 汉语 词典。　　那些 是 日语 词典。

## 2. "～的…"「～の…」

wǒ de kèběn　　lǎoshī de shū
① 我 的 课本　　老师 的 书

　＊所有を表す場合は"的"をつける。

wǒ mèimei　　wǒmen lǎoshī　　wǒmen dàxué　　Rìběn péngyou
② 我 妹妹　　我们 老师　　我们 大学　　日本 朋友

　＊親族・人間関係、所属団体、国籍などを言う場合には"的"を省略することが多い。

## 3. 疑問詞疑問文

＊疑問詞は聞きたいところへ置く。文末に"吗"をつけない。

Zhè shì shénme ?　　　　Zhè shì kèběn.
① 这 是 什么？　　　——这 是 课本。

Zhè shì shénme kèběn ?　Zhè shì Hànyǔ kèběn.
② 这 是 什么 课本？　——这 是 汉语 课本。

Tā shì shéi ?　　　　Tā shì wǒ péngyou.
③ 他 是 谁？　　　——他 是 我 朋友。

Zhè shì shéi de bǐ ?　　Zhè shì wǒ jiějie de bǐ.
④ 这 是 谁 的 笔？　——这 是 我 姐姐 的 笔。

Nǐ shì nǎ guó rén ?　　Wǒ shì Měiguórén.
⑤ 你 是 哪 国 人？　——我 是 美国人。

Zhè shì shénme？
## 这 是 什么？

▶平田翔は王嵐を研究室に案内して、同級生に紹介します。

Zhè shì Wáng Lán tóngxué.
平田　这是 王 岚同学。

Zhè shì Zuǒzuǒmù tóngxué.
　　　这是 佐佐木 同学。

Qǐng duō guānzhào.
王岚　请 多 关照。

Huānyíng, huānyíng, qǐng zuò.
佐佐木 欢迎，欢迎，请 坐。

Zhè shì nǐ de zhuōzi hé yǐzi.
平田　这是你的桌子和椅子。

Míngbai le.
王岚　明白了。

Zhèxiē shì Rìyǔ shū.
平田　这些是日语书。

Nàxiē shì Hànyǔ shū.
　　　那些是汉语书。

Zhè shì shénme？
王岚　这是什么？

Zhè shì wǒ de jítā.
平田　这是我的吉他。

---

语法要点　　　　　　 Audio 1-24

同学 tóngxué　名 同級生

妈妈 māma　名 お母さん

汉语 Hànyǔ　名 中国語

词典 cídiǎn　名 辞典

日语 Rìyǔ　名 日本語

的 de　助 ～の

课本 kèběn　名 教科書

老师 lǎoshī　名 先生

书 shū　名 本

妹妹 mèimei　名 妹

大学 dàxué　名 大学

朋友 péngyou　名 友達

什么 shénme　代 何、何の

笔 bǐ　名 ペン

姐姐 jiějie　名 姉

哪国 nǎguó　どの国

人 rén　名 人

会话　　　　　　 Audio 1-25

请多关照 qǐng duō guānzhào　どうぞ
よろしくお願いします

欢迎 huānyíng　動 歓迎する

请 qǐng　動 どうぞ～してください

坐 zuò　動 座る

桌子 zhuōzi　名 机

和 hé　接 ～と…

椅子 yǐzi　名 椅子

明白了 míngbai le　わかりました

吉他 jítā　名 ギター

**1.** 単語を覚えましょう。　　　　　　　　　　　🔊 Audio 1-26

wǒ bàba
❶ 我 爸爸

wǒmen lǎoshī
❷ 我们 老师

wǒ tóngxué
❸ 我 同学

wǒ nǚpéngyou
❹ 我 女朋友

wǒ nánpéngyou
❺ 我 男 朋友

diànnǎo
❻ 电脑

shǒujī
❼ 手机

shǒubiǎo
❽ 手表

qiánbāo
❾ 钱包

shūbāo
❿ 书包

**2.** 発音を聞いて書き取りましょう。　　　　　　🔊 Audio 1-27

Zhè shì shéi?
① 问 这 是 谁？

Zhè shì wǒ tóngxué.
答 这 是 我 同学。

问 _____

答 _____

Zhè shì shénme?
② 问 这 是 什么？

Zhè shì Hànyǔ kèběn.
答 这 是 汉语 课本。

问 _____

答 _____

Nà shì shéi de shǒujī?
③ 问 那 是 谁的 手机？

Nà shì wǒ de shǒujī.
答 那 是 我的 手机。

问 _____

答 _____

## dú 读（読む）　Wáng Lán de duǎnxìn 王 岚 的 短信

▶王嵐がお母さんに写真とショートメールを送りました。

Zhè shì wǒ de fángjiān. Zhè shì wǒ de cídiǎn. Nàxiē
这 是 我 的 房间。 这 是 我 的 词典。 那些

shì wǒ de kèběn hé bǐjìběn.　Tāmen shì wǒ de Rìběn
是 我 的 课本 和 笔记本。 他们 是 我 的 日本

péngyou. Zhè shì shénme？　Zhè shì wǒ de biàndānghé.
朋友。 这 是 什么 ？ 这 是 我 的 便当盒。

短信 duǎnxìn　（名）携帯メール

房间 fángjiān　（名）部屋

笔记本 bǐjìběn　（名）ノート

便当盒 biàndānghé　（名）弁当箱

## tīng hé shuō 听 和 说（聞く、話す）　Audio 1-29

以下は会話と携帯メールに関する質問の答えです。発音を聞いて質問を書き取りましょう。

① 问 ＿＿＿＿＿＿＿＿＿＿ ？
答 Zhè shì Wáng Lán de fángjiān.
这 是 王 岚 的 房间。

② 问 ＿＿＿＿＿＿＿＿＿＿ ？
答 Zhè shì Wáng Lán de cídiǎn.
这 是 王 岚 的 词典。

③ 问 ＿＿＿＿＿＿＿＿＿＿ ？
答 Nàxiē shì Wáng Lán de kèběn hé bǐjìběn.
那些 是 王 岚 的 课本 和 笔记本。

## xiě 写（書く）

**1.** 中国語の誤りを直しましょう。

① 这是汉语的辞典。　＿＿＿＿＿＿＿＿＿＿

② 这是我的大学。　＿＿＿＿＿＿＿＿＿＿

③ 他是我的日本人朋友。　＿＿＿＿＿＿＿＿＿＿

**2.** 中国語に訳しましょう。

① これは何ですか。　＿＿＿＿＿＿＿＿＿＿

② あれは誰のパソコンですか。　＿＿＿＿＿＿＿＿＿＿

③ これは彼の教科書とノートです。　＿＿＿＿＿＿＿＿＿＿

Dì sān kè
第三课 | yǔfǎ yàodiǎn
语法要点

## 1. 動詞述語文

🔊 Audio 1-30

主語 ＋ 動詞 ＋ 目的語（どこに）

Nǐ　qù　nǎr?
你 去 哪儿?　　　　　　　Wǒ　qù　túshūguǎn.
　　　　　　　　　　　　—我 去 图书馆。

主語 ＋ 動詞 ＋ 目的語（何を）

Wǒ　chī　zǎofàn.　　　　　　　Wǒ　bù　chī　zǎofàn.
肯定文：我 吃 早饭。　　　否定文：我 不 吃 早饭。

Nǐ　chī　zǎofàn　ma?　　　　　　　Nǐ　chī　shénme?
疑問文：你 吃 早饭 吗?　　疑問詞疑問文：你 吃 什么?

## 2. 反復疑問文（肯定否定疑問文）：肯定と否定を連続すると疑問文になる。

主語 ＋ 動詞の肯定 ＋ 否定 ＋ 目的語　　＊文末に"吗"をつけない。

Nǐ　chī bu chī　zǎofàn?　　　　　　Nǐ　shì bu shì　liúxuéshēng?
你 吃不吃 早饭?　　　　　　你 是不是 留学生?

## 3. 選択疑問文"还是"「～それとも…」

動詞句 ＋ 还是 ＋ 動詞句　　＊動詞"是"の時は後の動詞句の"是"を
　　　　　　　　　　　　　　　省略する。

Nǐ　hē　kāfēi　háishi　hē　hóngchá?　　Nǐ　dìdi　shì　gāozhōngshēng　háishi　dàxuéshēng?
你 喝 咖啡 还是喝 红茶?　　你 弟弟 是 高 中 生 还是 大学生?

## 4. 省略疑問文"～呢?"「～は?」

Wǒ　qù shítáng,　nǐ　ne?
我 去 食堂, 你 呢?

## 5. 連動文

主語 ＋ 動詞（句）＋ 動詞（句）

Wǒ　qù　shítáng　chī　wǔfàn.
我 去 食堂 吃 午饭。

Wǒ　qù　túshūguǎn　kàn shū.
我 去 图书馆 看 书。

## 6. 語気助詞"～吧"「～ましょう」「～でしょう」

Wǒmen　yìqǐ　qù　ba.
我 们 一起 去 吧。[勧誘、提案]

Tā shì Rìběnrén ba.
他 是 日本人 吧。[推測]

Nǐ chī shénme ?
# 你 吃 什么？

▶平田翔は食堂の前で王嵐を見かけました。

Nǐ qù nǎr ?
平田　你 去 哪儿？

Wǒ qù shítáng, nǐ ne ?
王岚　我 去 食堂，你 呢？

Wǒ yě qù shítáng chī wǔfàn.
平田　我 也 去 食堂 吃 午饭。

Wǒmen yìqǐ qù ba.
　　　我们 一起 去 吧。

Hǎo a.
王岚　好 啊。

Nǐ chī lāmiàn háishi chī chǎofàn ?
平田　你 吃 拉面 还是 吃 炒饭？

Wǒ chī lāmiàn. Nǐ chī shénme ?
王岚　我 吃 拉面。 你 吃 什么？

Wǒ yě xǐhuan chī lāmiàn.
平田　我 也 喜欢 吃 拉面。

Nǐ yào bu yào chá ?
王岚　你 要 不要 茶？

Xièxie, bú yào.
平田　谢谢，不要。

**shēngcí**
## 生词（新出单語）

语法要点　🔊 Audio 1-32

去 qù　動 行く

哪儿 nǎr　代 どこ

图书馆 túshūguǎn　名 図書館

吃 chī　動 食べる

早饭 zǎofàn　名 朝ご飯

还是 háishi　接 それとも

喝 hē　動 飲む

咖啡 kāfēi　名 コーヒー

红茶 hóngchá　名 紅茶

弟弟 dìdi　名 弟

食堂 shítáng　名 食堂

呢 ne　助 〜は？

午饭 wǔfàn　名 昼ご飯

看 kàn　動 見る

一起 yìqǐ　副 一緒に

吧 ba　助 〜ましょう、〜でしょう

会话　🔊 Audio 1-33

好 hǎo　形 良い

啊 a　助 〜よ、〜ね

拉面 lāmiàn　名 ラーメン

炒饭 chǎofàn　名 チャーハン

喜欢 xǐhuan　動 好む、好きだ

要 yào　動 欲しい、必要だ

茶 chá　名 お茶

谢谢 xièxie　ありがとう

**1.** 単語を覚えましょう。

xuéxiào
❶ 学校

tǐyùguǎn
❷ 体育馆

biànlìdiàn
❸ 便利店

shāngdiàn
❹ 商店

shūdiàn
❺ 书店

mǐfàn
❻ 米饭

miànbāo
❼ 面包

fāngbiànmiàn
❽ 方便面

píjiǔ
❾ 啤酒

pútaojiǔ
❿ 葡萄酒

**2.** 発音を聞いて書き取りましょう。

Nǐ qù nǎr ?
① 问 你 去 哪儿？

问 _____

Wǒ qù xuéxiào.
答 我 去 学校。

答 _____

Nǐ yào mǐfàn háishi yào miànbāo ?
② 问 你 要 米饭 还是 要 面包？

问 _____

Wǒ yào miànbāo.
答 我 要 面包。

答 _____

Wǒ xǐhuan chī fāngbiànmiàn, nǐ ne ?
③ 问 我 喜欢 吃 方便面，你 呢？

问 _____

Wǒ yě xǐhuan.
答 我 也 喜欢。

答 _____

## 读（読む） 平田的日记 <sub>dú</sub> <sub>Píng tián de rì jì</sub>

<audio> Audio 1-36

Zhōngwǔ, wǒ qù shítáng chī wǔfàn. Wáng Lán píngshí dōu
中午，我 去 食堂 吃 午饭。王 岚 平时 都
dài biàndāng, kěshì, jīntiān tā yě qù shítáng chī wǔfàn.
带 便当，可是， 今天 她 也 去 食堂 吃 午饭。
Wǒmen dōu xǐhuan chī lāmiàn, yě dōu xǐhuan hē kělè.
我们 都 喜欢 吃 拉面， 也 都 喜欢 喝 可乐。

中午 zhōngwǔ 名 昼
平时 píngshí 名 ふだん
都 dōu 副 みな、全て
带 dài 動 持つ
便当 biàndāng 名 弁当
可是 kěshì 接 しかし
可乐 kělè 名 コーラ

## 听 和 说（聞く、話す） <sub>tīng hé shuō</sub>

<audio> Audio 1-37

以下は会話と日記に関する質問の答えです。発音を聞いて質問を書き取りましょう。

① 问 ＿＿＿＿＿＿＿＿＿＿＿？

② 问 ＿＿＿＿＿＿＿＿＿＿＿？

③ 问 ＿＿＿＿＿＿＿＿＿＿＿？

答 平田 去 食堂 吃 午饭。 <sub>Píngtián qù shítáng chī wǔfàn.</sub>

答 平田 喜欢 吃 拉面。 <sub>Píngtián xǐhuan chī lāmiàn.</sub>

答 他们 都 喜欢 喝 可乐。 <sub>Tāmen dōu xǐhuan hē kělè.</sub>

## 写（書く） <sub>xiě</sub>

**1.** 中国語の誤りを直しましょう。

① 你去哪儿吗？ ＿＿＿＿＿＿＿＿＿＿

② 我早饭不吃。 ＿＿＿＿＿＿＿＿＿＿

③ 你吃不吃早饭吗？ ＿＿＿＿＿＿＿＿＿＿

**2.** 中国語に訳しましょう。

① 私も食堂へ行って昼ご飯を食べます。 ＿＿＿＿＿＿＿＿

② あなたはお茶がいりますか。 ＿＿＿＿＿＿＿＿

③ あなたはコーヒーにしますか、それとも紅茶にしますか。

＿＿＿＿＿＿＿＿＿＿＿＿

## 第四课 语法要点

Dì sì kè 第四课 　 yǔfǎ yàodiǎn 语法要点

**1. 形容詞述語文** 　過去、現在、未来、どれも同じ形で表わす。 🔊 Audio 1-38

肯定文

| 主語 | ＋ | 副詞 | ＋ | 形容詞 |

Jīntiān hěn rè.
今天 很 热。

否定文

| 主語 | ＋ | 不 | ＋ | 形容詞 |

Zuótiān bú rè.
昨天 不 热。

Míngtiān rè ma?
疑問文：明天 热 吗?

Míngtiān rè bu rè?
反復疑問文：明天 热 不 热?

Míngtiān zěnmeyàng?
疑問詞疑問文：明天 怎么样?

**2. 程度の表現**

程度が甚だしくなる →

| bù lěng | bú tài lěng | yǒudiǎnr lěng | bǐjiào lěng | hěn lěng | fēicháng lěng | tài lěng le | lěng jíle |
| 不冷 | 不太冷 | 有点儿冷 | 比较冷 | 很冷 | 非常冷 | 太冷了 | 冷极了 |

**3. 主述述語文**

| 主語 | ＋ | 主語 | ＋ | 述語 |

| Wǒ | gōngzuò | hěn máng. |
| 我 | 工作 | 很忙。 |
| Dōngjīng | xiàtiān | hěn rè. |
| 东京 | 夏天 | 很热。 |
| Běijīng | dōngtiān | hěn lěng. |
| 北京 | 冬天 | 很冷。 |
| Míngtiān | tiānqì | zěnmeyàng? |
| 明天 | 天气 | 怎么样? |

**4. "一下"、動詞の重ね型 「ちょっと～する」**

| 動詞 ＋ 一下 | 動詞 ＋ 動詞 | 動詞 ＋ 一 ＋ 動詞 |

Děng yíxià.
等 一下。

Děngděng.
等 等。

Děng yi děng.
等 一 等。

Xiūxi yíxià ba.
休息 一下 吧。

Xiūxi xiūxi ba.
休息 休息 吧。

Nǐ zuìjìn zěnmeyàng？
# 你 最近 怎么样？

▶平田翔と王嵐は研究室でおしゃべりをしています。

| | |
|---|---|
| 平田 | Nǐ zuìjìn zěnmeyàng？<br>你 最近 怎么样？ |
| 王岚 | Wǒ zuìjìn hěnmáng. Nǐ ne？<br>我 最近 很忙。你 呢？ |
| 平田 | Wǒ xuéxí bútài máng.<br>我 学习 不太 忙。 |
| | Kěshì, kèwài huódòng fēicháng máng.<br>可是, 课外 活动 非常 忙。 |
| 王岚 | Shì ma？<br>是 吗？ |
| 平田 | Rìyǔ kè nán bu nán？<br>日语 课 难不难？ |
| 王岚 | Yǒudiǎnr nán, kěshì, hěn yǒu yìsi.<br>有点儿难, 可是, 很 有 意思。 |
| 平田 | Nà tài hǎo le！ Nǐ lèi bu lèi？<br>那 太好了！ 你 累不累？ |
| | Wǒmen xiūxi yíxià, qù kànkan yīnghuā ba！<br>我们 休息一下, 去 看看 樱花 吧！ |
| 王岚 | Hǎo a.<br>好 啊。 |

语法要点　　　 Audio 1-40

热 rè 　形 暑い

昨天 zuótiān 　名 昨日

明天 míngtiān 　名 明日

怎么样 zěnmeyàng 　代 どう

冷 lěng 　形 寒い

不太 bútài 　副 あまり～ない

有点儿 yǒudiǎnr 　副 ちょっと

比较 bǐjiào 　副 わりと

非常 fēicháng 　副 非常に

太～了 tài～le 　あまりに～すぎる

极了 jíle 　きわめて

工作 gōngzuò 　動 仕事をする

忙 máng 　形 忙しい

东京 Dōngjīng 　名 東京

夏天 xiàtiān 　名 夏

北京 Běijīng 　名 北京

冬天 dōngtiān 　名 冬

天气 tiānqì 　名 天気

一下 yíxià 　名 ちょっと

等 děng 　動 待つ

休息 xiūxi 　動 休む

会话　　　 Audio 1-41

最近 zuìjìn 　名 最近、近ごろ

学习 (= 学) xuéxí 　動 学ぶ

课外活动 kèwài huódòng 　名 課外活動

是吗 shì ma 　そうですか

课 kè 　名 授業

难 nán 　形 難しい

有意思 yǒu yìsi 　形 面白い

累 lèi 　形 疲れている

樱花 yīnghuā 　名 桜

**1.** 単語を覚えましょう。  Audio 1-42

chūntiān nuǎnhuo
❶ 春天 暖和

gōngsī yuǎn
❷ 公司 远

shuǐguǒ guì
❸ 水果 贵

bīngqílín hǎochī
❹ 冰淇淋 好吃

mànhuà yǒuyìsi
❺ 漫画 有意思

qiūtiān liángkuai
❻ 秋天 凉快

gōngzuò lèi
❼ 工作 累

shūcài piányi
❽ 蔬菜 便宜

niúnǎi hǎohē
❾ 牛奶 好喝

xióngmāo kě'ài
❿ 熊猫 可爱

**2.** 発音を聞いて書き取りましょう。 Audio 1-43

Míngtiān tiānqì zěnmeyàng?
① 问 明天 天气 怎么样？

Míngtiān tiānqì hěn nuǎnhuo.
答 明天 天气 很 暖和。

问 _____

答 _____

Nǐmen gōngsī yuǎn ma?
② 问 你们 公司 远 吗？

Wǒmen gōngsī hěn yuǎn.
答 我们 公司 很 远。

问 _____

答 _____

Nǐ gōngzuò lèi bu lèi?
③ 问 你 工作 累 不 累？

Wǒ gōngzuò bútài lèi.
答 我 工作 不太 累。

问 _____

答 _____

Jīntiān tiānqì hěn hǎo, yīnghuā hěn piàoliang, Píngtián
今天 天气 很 好，樱花 很 漂亮， 平 田
hé wǒ yìqǐ qù sànbù. Wǒmen dàxué hěn dà, liúxuéshēng
和 我 一起 去 散步。我们 大学 很 大，留学生
yě hěn duō. Zhōngguó liúxuéshēng zuì duō, Hánguó xuésheng
也 很 多。 中国 留学生 最多，韩国 学生
yě bù shǎo, Měiguó xuésheng bútài duō. Wǒ měitiān dōu
也 不少，美国 学 生 不太 多。 我 每 天 都
hěn máng, Píngtián yě hěn máng.
很 忙，平 田 也 很 忙。

漂亮 piàoliang　形 きれい

散步 sànbù　動 散歩する

大 dà　形 大きい

多 duō　形 多い

最 zuì　副 最も

少 shǎo　形 少ない

每天 měitiān　名 毎日

---

tīng hé shuō
听 和 说（聞く、話す）　　　　　　　　📶 Audio 1-45

以下は会話と日記に関する質問の答えです。発音を聞いて質問を書き取りましょう。

① 问 _____ ？

Jīntiān tiānqì hěn hǎo.
答 今天 天气 很 好。

② 问 _____ ？

Wǒmen dàxué hěn dà.
答 我们 大学 很 大。

③ 问 _____ ？

Wǒmen dàxué liúxuéshēng hěn duō.
答 我们 大学 留学生 很 多。

---

xiě
写（書く）

1. 中国語の誤りを直しましょう。

① 我是很忙。　　　　_____

② 日语课难不难吗？　_____

③ 她的钱包是贵。　　　_____

2. 中国語に訳しましょう。

① 今日はちょっと寒いです。　　　_____

② 私は勉強が忙しいです。　　　　_____

③ 私たちはちょっと休みましょう。　_____

## 第五课 | 语法要点

Dì wǔ kè | yǔfǎ yàodiǎn

### 1. 年月日・曜日・時刻を表す語　　🔊 Audio 1-46

nián　　　　　　　　　　　　　　　　er líng èr yī nián
年（年）　　二 〇 二 一 年

yuè　　　　　　　　　　　　yī yuè　èr yuè　　shí' èr yuè
月（月）　　一月 二月 ……十二月

rì　　hào　　　　　　　yī rì　hào　　èr rì　hào　　sānshiyī rì　hào
日／号（日）　　一日／号　二日／号……三十一日／号

xīngqī　　　　　　　　xīngqīyī xīngqī' èr　　　　xīngqīliù xīngqītiān　xīngqīrì
星期（曜日）　　星期一 星期二 ……星期六 星期天／星期日

diǎn　　　　　　　yī diǎn liǎngdiǎn　shí' èr diǎn　　èrshisì diǎn　língdiǎn
点（時）　　一点 两点……十二点 ……二十四点／零点。

fēn　　　　　　　yī fēn　èr fēn　shíwǔ fēn　yí kè　sānshífēn bàn　sìshiwǔ fēn　sān kè
分（分）　　一分 二分……十五分／一刻……三十分／半……四十五分／三刻

### 2. 名詞述語文

＊年月日、年齢、金額などを表わす文では、よく"是"が省略され、名詞述語文になる。

| ① 日時 | 主語 ＋（是）＋ 年月日、曜日、時刻 |

＊否定の場合、"是"は省略できない。

Jīntiān jǐ yuè jǐ hào?　　　Jīntiān èr yuè èrshi' èr hào, xīngqī' èr.
今天 几 月 几 号？　　—今天 二 月 二十二 号，星期二。

Jīntiān bú shì xīngqītiān.　Xiànzài jǐ diǎn?
今天 不 是 星期天。　现在 几 点？

| ② 年齢の言い方 | 主語 ＋ 年齢 ＋ 了 |

10 歳以下の子供に
Nǐ nǚ' ér jǐ suì le?　　Tā liǎng suì le.
你 女儿 几 岁 了？　—她 两 岁 了。

若者、同輩に
Nǐ dìdi duōdà le?　　Tā èrshí suì le.
你 弟弟 多大 了？　—她 二十 岁 了。

目上の人、年配者に
Nǐ nǎinai duōdà suìshu niánjì le?　Tā liùshí suì le.
你 奶奶 多大 岁数／年纪 了？　—她 六十 岁 了。

| ③ 金額の言い方 | 主語 ＋（是）＋ 金額 |
yuán kuài jiǎo máo fēn
元／块 角／毛 分

Yì jīn píngguǒ duōshao qián?　Yì jīn píngguǒ shí kuài.
一 斤 苹果 多少 钱？　—一 斤 苹果 十 块。

### 3. 助数詞（量詞）　数詞 ＋ 量詞 ＋ 名詞

yí ge xuésheng　liǎngwèi lǎoshī　sān jié kè　sì tái diànnǎo　wǔ zhī bǐ
一个 学生　　两位 老师　　三节课　　四台 电脑　　五支 笔

Yígòng   duōshao qián ?
# 一共 多少 钱?

▶王嵐はケーキ屋さんに来ました。

Huānyíng guānglín, nín yào shénme ?
服务员　欢 迎 光 临，您 要 什 么？

Wǒ yào  yí ge  shēngrì dàngāo.
王岚　　我 要 一 个 生 日 蛋 糕。

Nín yào  nǎge ?
服务员　您 要 哪个？

Wǒ yào zhège.
王岚　　我 要 这个。

Háiyào biéde  ma ?
服务员　还 要 别 的 吗？

Zàiyào liǎngpíng kělè.
王岚　　再 要 两 瓶 可 乐。

Yígòng duōshaoqián ?
　　　　一共 多少钱？

Liǎngqiān  bābǎi  rìyuán.
服务员　两 千 八 百 日 元。

Gěi nín sānqiān rìyuán.
王岚　　给 您 三 千 日 元。

Zhǎo nín liǎngbǎi rìyuán.　Xièxie guānglín.
服务员　找 您 两 百 日 元。谢 谢 光 临。

语法要点　　　　 Audio 1-48

〇 líng　数 ゼロ

星期天 xīngqītiān　名 日曜日

星期日 xīngqīrì　名 日曜日

两 liǎng　数 二つ

零 líng　数 零、ゼロ

刻 kè　量 15分

半 bàn　量 半、30分

几 jǐ　数 いくつ

现在 xiànzài　名 今

女儿 nǚ'ér　名 娘

岁 suì　量 ～歳

多大 duōdà　何歳

奶奶 nǎinai　名 父方のおばあさん

岁数 suìshu　名 年齢

年纪 niánjì　名 年齢

斤 jīn　量 重さの単位　500g

苹果 píngguǒ　名 リンゴ

多少钱 duōāshao qián　いくら

块 kuài　量 人民元の単位、元

个 ge　量 ～個　／　位 wèi　量 ～名

节 jié　量 ～コマ　／　台 tái　量 ～台

支 zhī　量 ～本

会话　　　　 Audio 1-49

欢迎光临 huānyíng guānglín　いらっしゃいませ

生日蛋糕 shēngrì dàngāo　名 バースディケーキ

还 hái　副 さらに

别的 biéde　代 別の、他の

再 zài　副 さらに、ほかに

瓶 píng　量 ～瓶、～本

一共 yígòng　副 全部で

日元 rìyuán　名 日本円

给 gěi　動 与える、あげる

找 zhǎo　動 おつりを返す

谢谢光临 xièxie guānglín　ご来店ありがとうございました

**1.** 単語を覚えましょう。　　　　　　　　　　　　　 Audio 1-50

yì bēi shuǐ
❶ 一 杯 水

yí kuài dàngāo
❷ 一 块 蛋糕

yì běn zázhì
❸ 一 本 杂志

yì zhāng chēpiào
❹ 一 张 车票

yí liàng chē
❺ 一 辆 车

yí jiàn yīfu
❻ 一 件 衣服

yì tiáo kùzi
❼ 一 条 裤子

yì shuāngxié
❽ 一 双 鞋

yì bǎ sǎn
❾ 一 把 伞

yì zhī māo
❿ 一 只 猫

**2.** 発音を聞いて書き取りましょう。　　　　　　　　　 Audio 1-51

① 问
Jīntiān jǐ yuè jǐ hào? Xīngqī jǐ?
今天 几 月 几 号？星期几？

答
Jīntiān èryuè sān hào, xīngqī èr.
今天 二月 三 号，星期二。

问 _____

答 _____

② 问
Yí kuài dàngāo duōshao qián?
一 块 蛋糕 多少 钱？

答
Yí kuài dàngāo liǎng kuài.
一 块 蛋糕 两 块。

问 _____

答 _____

③ 问
Tā duōdà le?
他 多大 了？

答
Tā shíbā suì le.
他 十八 岁 了。

问 _____

答 _____

## 读（読む） dú 平田的日记 Píng tián de rì jì

Audio 1-52

Jīntiān liùyuè shíyī hào, xīngqīwǔ. Jīntiān shì wǒ de
今天 六月 十一 号, 星期五。 今天 是 我 的
shēngrì, wǒ èrshí suì le. Xiàkè hòu, tóngxuémen yìqǐ
生日, 我 二十 岁 了。 下课 后, 同学们 一起
chàng: "Zhù nǐ shēngrì kuàilè !" Wǒ fēicháng gāoxìng.
唱 :"祝 你 生日 快乐！" 我 非常 高兴。
Wǒmen yìqǐ chī dàngāo, hē yǐnliào, dōu hěn kāixīn. Wáng
我们 一起 吃 蛋糕, 喝 饮料, 都 很 开心。 王
Lán de shēngrì jǐ yuè jǐ hào ne ? Wǒ mǎi shénme lǐwù ne ?
岚 的 生日 几月 几 号 呢? 我 买 什么 礼物 呢?

下课 xiàkè 　動 授業が終わる
后 hòu 　名 後
唱 chàng 　動 歌う
祝 zhù 　動 祝う、祈る
快乐 kuàilè 　形 楽しい
饮料 yǐnliào 　名 飲み物
开心 kāixīn 　形 楽しい
买 mǎi 　動 買う
礼物 lǐwù 　名 プレゼント

## 听 和 说（聞く、話す） tīng hé shuō

Audio 1-53

以下は会話と日記に関する質問の答えです。発音を聞いて質問を書き取りましょう。

① 问 ＿＿＿＿＿＿＿＿＿＿＿？

Píngtián de shēngrì liùyuè shíyī hào.
答 平 田 的 生日 六月 十一 号。

② 问 ＿＿＿＿＿＿＿＿＿＿＿？

Píngtián èrshí suì le.
答 平 田 二十 岁 了。

③ 问 ＿＿＿＿＿＿＿＿＿＿＿？

"Zhù nǐ shēngrì kuàilè".
答 "祝 你 生日 快乐"。

## 写（書く） xiě

**1.** 中国語の誤りを直しましょう。

① 今天不星期二。 ＿＿＿＿＿＿＿＿＿＿＿

② 我姐姐是二十岁了。 ＿＿＿＿＿＿＿＿＿＿＿

③ 我也要这。 ＿＿＿＿＿＿＿＿＿＿＿

**2.** 中国語に訳しましょう。

① 全部でおいくらですか。 ＿＿＿＿＿＿＿＿＿

② 二百円のおつりです。 ＿＿＿＿＿＿＿＿＿

③ 切符を2枚ください。 ＿＿＿＿＿＿＿＿＿

yǔfǎ yàodiǎn
# 语法要点

## 1. 場所代名詞

🔊 Audio 2-01

| 近称 | | 遠称 | | 疑問 | |
|---|---|---|---|---|---|
| zhèr | zhèli | nàr | nàli | nǎr | nǎli |
| 这儿 | 这里 （ここ） | 那儿 | 那里 （そこ、あそこ） | 哪儿 | 哪里 （どこ） |

＊哪里 nǎli は「二声＋軽声」で発音される。

## 2. 方位詞

| | shàng 上 | xià 下 | qián 前 | hòu 后 | zuǒ 左 | yòu 右 | lǐ 里 | wài 外 | dōng 东 | nán 南 | xī 西 | běi 北 |
|---|---|---|---|---|---|---|---|---|---|---|---|---|
| ～ mian 面 | 上面 | 下面 | 前面 | 后面 | 左面 | 右面 | 里面 | 外面 | 东面 | 南面 | 西面 | 北面 |

＊～面 mian の代わりに～边 bian を使うこともある。
　他に旁边 pángbiān （そば）、対面 duìmiàn （向い） などがある。

## 3. 存在を表す動詞 "有" 「…に～がいる／ある」

どこに ＋ いる／ある ＋ 誰が／何が　　＊否定は "没有" を使う。

Nǐ jiā　　　　yǒu　jǐ kǒu rén?
你家　　　　有　几口人？　　　　　—我家　　　　有　五口人。
Wǒ jiā　　　yǒu　wǔ kǒu rén.

Nǐmen bān li　yǒu　duōshao nǚshēng?
你们班里　有　多少女生？　　　　—我们班里　有　二十个女生。
Wǒmen bān li　yǒu　èrshí ge nǚshēng.

Dàxué li　　yǒu　yóujú ma?
大学里　　有　邮局吗？　　　　　—大学里　　没有　邮局。
Dàxué li　　méiyǒu　yóujú.

## 4. 所在を表す動詞 "在" 「～は…にいる／ある」

主語 ＋ いる／ある ＋ どこに　　＊否定は "不在" を使う。

Nǐ jiā　zài　nǎr?
你家　在　哪儿？　　　　—我家在北海道。
Wǒ jiā zài Běihǎidào.

Shūdiàn　zài　nǎr?
书店　在　哪儿？　　　　—书店在体育馆旁边。
Shūdiàn zài tǐyùguǎn pángbiān.

Bàozhǐ　zài　nǎr?
报纸　在　哪儿？　　　　—报纸在桌子上。
Bàozhǐ zài zhuōzishang.

Nǐ　zài　jiā ma?
你　在　家吗？　　　　　—我不在家，我在公司。
Wǒ bú zài jiā,　wǒ zài gōngsī.

## <ruby>会话<rt>huì huà</rt></ruby>

# 医院 在 哪儿？
Yīyuàn zài nǎr ?

▶王嵐の顔色が悪いので、平田翔は心配しています。

平田　你 怎么 了？
Nǐ zěnme le ?

王岚　我 头 很 疼。
Wǒ tóu hěn téng.

平田　去 医院 看看 吧。
Qù yīyuàn kànkan ba.

王岚　大学 里 有 医院 吗？
Dàxué li yǒu yīyuàn ma ?

平田　有。
Yǒu.

王岚　医院 在 哪儿？
Yīyuàn zài nǎr ?

平田　你 看，这 是 大学 的 地图。
Nǐ kàn, zhè shì dàxué de dìtú.

　　　医院 在 图书馆 前面。
Yīyuàn zài túshūguǎn qiánmian.

王岚　明白 了。
Míngbai le.

平田　我 陪 你 去 吧。
Wǒ péi nǐ qù ba.

## 生词（新出单語）
shēngcí

**语法要点**　Audio 2-03

面 mian　[接尾] ～の方、～の側

有 yǒu　[動] ある、いる

家 jiā　[名] 家

口 kǒu　[量] 人（家族を数える）

班 bān　[名] クラス

里 li　[方] ～の中

多少 duōshao　[代] どのくらい

女生 nǚshēng　[名] 女子学生

邮局 yóujú　[名] 郵便局

没有 méiyǒu　[動] ない、いない

在 zài　[動] ある、いる

北海道 Běihǎidào　[名] 北海道

报纸 bàozhǐ　[名] 新聞

上 shang　[方] ～の上

**会话**　Audio 2-04

怎么了 zěnme le　どうしたの

头 tóu　[名] 頭

疼 téng　[形] 痛い

医院 yīyuàn　[名] 病院

地图 dìtú　[名] 地図

前面 qiánmian　[方] ～の前

陪 péi　[動] 付き添う、お供する

# 句型练习（文型練習）

**1.** 単語を覚えましょう。　　　　　　　　　　　　 Audio 2-05

chēzhàn
❶ 车 站

yínháng
❷ 银 行

yóujú
❸ 邮 局

jīchǎng
❹ 机 场

fàndiàn　jiǔdiàn
❺ 饭店／酒店

cāntīng
❻ 餐 厅

kuàicāndiàn
❼ 快 餐 店

chāoshì
❽ 超 市

gōngyuán
❾ 公 园

xǐshǒujiān
❿ 洗手间

**2.** 発音を聞いて書き取りましょう。　　　　　　　 Audio 2-06

①问
Jīchǎng li yǒu chāoshì ma ?
机场 里 有 超市 吗？

答
Jīchǎng li méiyǒu chāoshì.
机场 里 没有 超市。

问 ＿＿＿＿＿＿＿＿＿＿

答 ＿＿＿＿＿＿＿＿＿＿

②问
Nǐmen gōngsī yǒu duōshao rén ?
你们 公司 有 多少 人？

答
Wǒmen gōngsī yǒu wǔshí ge rén.
我们 公司 有 五十 个人。

问 ＿＿＿＿＿＿＿＿＿＿

答 ＿＿＿＿＿＿＿＿＿＿

③问
Chēzhàn zài nǎr ?
车站 在 哪儿？

答
Chēzhàn zài qiánmian.
车站 在 前面。

问 ＿＿＿＿＿＿＿＿＿＿

答 ＿＿＿＿＿＿＿＿＿＿

_Jīntiān wǒ shēntǐ bù shūfu. Píngtián péi wǒ qù yīyuàn,_
今天 我 身体 不 舒服。平田 陪 我 去 医院,

_hái péi wǒ liáotiān. Tā shuō tā jiā yǒu qī kǒu rén,_
还 陪 我 聊天。他 说 他 家 有 七 口 人,

_yéye, nǎinai, bàba, māma, yí ge gēge hé yí_
爷爷、奶奶、爸爸、妈妈、一 个 哥哥 和 一

_ge dìdi, háiyǒu yì zhī māo. Tā méiyǒu nǚpéngyou. Wǒ_
个 弟弟, 还有 一 只 猫。他 没有 女朋友。我

_méiyǒu xiōngdì jiěmèi. Wǒ yǒudiǎnr xiǎng jiā._
没有 兄弟 姐妹。我 有点儿 想 家。

身体 shēntǐ 名 体

舒服 shūfu 形 気持ちいい

聊天 liáotiān 動 おしゃべりする

说 shuō 動 言う

爷爷 yéye 名 父方のおじいさん

哥哥 gēge 名 お兄さん

兄弟姐妹 xiōngdìjiěmèi 名 兄弟姉妹

想家 xiǎngjiā 動 ホームシックになる

---

以下は会話と日記に関する質問の答えです。発音を聞いて質問を書き取りましょう。

① 问 ＿＿＿＿＿＿＿＿＿？
答 _Tā shēntǐ bù shūfu._
她 身体 不 舒服。

② 问 ＿＿＿＿＿＿＿＿＿？
答 _Tā jiā yǒu qī kǒu rén._
他家 有 七 口 人。

③ 问 ＿＿＿＿＿＿＿＿＿？
答 _Tā méiyǒu nǚpéngyou._
他 没有 女朋友。

---

xiě
**写**（書く）

**1.** 中国語の誤りを直しましょう。

① 手机有桌子上。 ＿＿＿＿＿＿＿＿＿

② 书包里在课本和笔记本。 ＿＿＿＿＿＿＿＿＿

③ 他女朋友没有。 ＿＿＿＿＿＿＿＿＿

**2.** 中国語に訳しましょう。

① 空港の中にコンビニがあります。 ＿＿＿＿＿＿＿＿＿

② 机の上に教科書が二冊あります。 ＿＿＿＿＿＿＿＿＿

③ お手洗いはあそこにあります。 ＿＿＿＿＿＿＿＿＿

## 第七课 | 语法要点

Dì qī kè | yǔfǎ yàodiǎn

**1.** 状語：述語を修飾する成分

Audio 2-09

主語 ＋ **状語** ＋ 動詞／形容詞述語文

＊述語の前に置き、時間・場所・方法・程度・範囲・様態などについて説明する。

Wǒ wǎnshang liù diǎn hé péngyou zài Běijīngfàndiàn chī wǎnfàn.
我 晚上六点 和朋友 在北京饭店 吃晚饭。

**2.** 状語になれるもの　副詞、時間詞、動詞、形容詞、助動詞及び前置詞フレーズなどがある。

① 時間 "几点""什么时候"
　　前 "从～"「～から」
　　前 "到～"「～まで」

主語 いつ／いつから／いつまで 動詞＋目的語

Nǐ shénme shíhou xiūxi?
你什么时候休息？

Wǒ xīngqītiān xiūxi.
—我星期天休息。

Nǐ cóng jǐ diǎn dào jǐ diǎn shàngbān?
你从几点 到几点 上班？

Wǒ cóng jiǔ diǎn dào wǔ diǎn shàngbān.
—我从九点 到五点 上班。

② 場所 前 "在～"「～で」
　　前 "从～"「～から」
　　前 "到～"「～まで」

主語 在〈場所〉 動詞＋目的語

Nǐ zài nǎr mǎi dōngxi?
你在哪儿 买东西？

Wǒ zài chāoshì mǎi dōngxi.
—我在超市 买东西。

③ 対象 前 "给～"「～に」
　　前 "对～"「～に対して」

主語 给〈人〉 動詞＋目的語

Nǐ gěi shéi dǎ diànhuà?
你给谁 打电话？

Wǒ gěi nánpéngyou dǎ diànhuà.
—我给男朋友 打电话。

④ 方法 "怎么"「どうやって」
　　　 "跟～"「～について」
　　　 "用～"「～で」

主語 怎么 動詞＋目的語

Wǒmen zěnme qù jīchǎng?
我们 怎么去机场？

Wǒmen zuò jīchǎng bāshì qù.
—我们 坐机场巴士 去。

Zhège cài zěnme zuò?
这个菜怎么 做？

Nǐ gēn wǒ xué ba.
—你跟我学吧。

**3.** 所有を表す動詞 "有"「～は…を持っている、がある」

Wǒ yǒu liǎng tái zhàoxiàngjī.
我有两台照相机。

Wǒ méiyǒu zhàoxiàngjī.
我没有照相机。

Nǐ yǒu jǐ jié kè?
你有几节课？

Wǒ yǒu sān jié kè.
—我有三节课。

Wǒmen zài nǎr jiànmiàn ?
## 我们 在 哪儿 见面？

▶平田翔は王嵐を映画に誘おうとしています。

Wǒ yǒu liǎngzhāng diànyǐngpiào.
平田　我 有 两 张 电影 票。

Nǐ míngtiān yǒu kòngr ma ?
　　　你 明 天 有 空儿 吗？

Míngtiān wǒ méi shìr.
王岚　明 天 我 没 事儿。

Wǒmen qù kàn diànyǐng, hǎo ma ?
平田　我们 去 看 电影，好 吗？

Hǎo a. Diànyǐng jǐ diǎn kāishǐ ?
王岚　好 啊。电影 几点 开始？

Xiàwǔ liǎngdiǎnbàn kāishǐ.
平田　下午 两 点 半 开始。

Wǒmen zài nǎr jiànmiàn ?
王岚　我们 在 哪儿 见 面？

Zài diànyǐngyuàn ménkǒu jiàn ba.
平田　在 电影 院 门口 见 吧。

Wǒ gěi nǐ dǎ diànhuà, hǎo ma ?
王岚　我 给 你 打 电话，好 吗？

Hǎo, bújiàn búsàn.
平田　好，不见 不散。

shēngcí
生词（新出单語）

语法要点　　　　🔊 Audio 2-11

晚上 wǎnshang 〔名〕夜

晚饭 wǎnfàn 〔名〕晚ご飯

什么时候 shénme shíhou いつ

从 cóng 〔前〕～から

到 dào 〔前〕～まで

上班 shàngbān 〔動〕出勤する

在 zài 〔前〕～で

东西 dōngxi 〔名〕物

给 gěi 〔前〕～に

打电话 dǎdiànhuà 電話をかける

怎么 zěnme 〔代〕どのように

坐 zuò 〔動〕（座って）乘る

巴士 bāshì 〔名〕バス

菜 cài 〔名〕料理

做 zuò 〔動〕作る；する

跟 gēn 〔前〕～に、～と

照相机 zhàoxiàngjī 〔名〕カメラ

会话　　　　　　🔊 Audio 2-12

电影票 diànyǐngpiào 〔名〕映画チケット

空儿 kòngr 〔名〕暇

没事儿 méishìr 〔動〕用事がない

电影 diànyǐng 〔名〕映画

开始 kāishǐ 〔動〕始まる

见面 jiànmiàn 〔動〕会う

电影院 diànyǐngyuàn 〔名〕映画館

门口 ménkǒu 〔名〕入口

见 jiàn 〔動〕会う

不见不散 bújiàn búsàn 必ず会う

**1.** 単語を覚えましょう。　Audio 2-13

qǐchuáng
❶ 起床

shàngkè
❷ 上课

xiàbān
❸ 下班

huíjiā
❹ 回家

shuìjiào
❺ 睡觉

zuò dìtiě
❻ 坐地铁

zuò huǒchē
❼ 坐火车

zuò gōngjiāochē
❽ 坐公交车

zuò fēijī
❾ 坐飞机

dǎ chē
❿ 打车／

zuò chūzūchē
坐出租车

**2.** 発音を聞いて書き取りましょう。　Audio 2-14

Nǐ jǐ diǎn qǐchuáng?
①问 你几点起床？

Wǒ liù diǎn qǐchuáng.
答 我六点起床。

问 _____

答 _____

Nǐ zài nǎr xuéxí Hànyǔ?
②问 你在哪儿学习汉语？

Wǒ zài dàxué xuéxí Hànyǔ.
答 我在大学学习汉语。

问 _____

答 _____

Nǐ zěnme shàngbān?
③问 你怎么上班？

Wǒ zuò dìtiě shàngbān.
答 我坐地铁上班。

问 _____

答 _____

Míngtiān qī yuè qī hào, xīngqīliù, wǒ hé Wáng Lán
明天 七月 七号, 星期六, 我 和 王 岚
qù kàn diànyǐng. Wǒ qí zìxíngchē qù. Wáng Lán méiyǒu
去 看 电影。我 骑 自行车 去。王 岚 没有
zìxíngchē, tā zuò dìtiě qù. Diànyǐngyuàn lí dìtiězhàn hěn
自行车, 她 坐 地铁 去。电影院 离 地铁站 很
jìn, hěn fāngbiàn. Wǒmen liǎngdiǎn yí kè zài diànyǐngyuàn
近, 很 方便。我们 两点 一刻 在 电影院
ménkǒu jiànmiàn. Wǒ dìyī cì yuēhuì, yòu kāixīn yòu
门口 见面。我 第一 次 约会, 又 开心 又
jǐnzhāng.
紧张。

骑 qí 〔動〕（跨って）乗る
自行车 zìxíngchē 〔名〕自転車
离 lí 〔前〕〜から、まで
地铁站 dìtiězhàn 〔名〕地下鉄駅
近 jìn 〔形〕近い
方便 fāngbiàn 〔形〕便利
第一次 dìyī cì 初めて
约会 yuēhuì 〔名〕デート
又〜又〜 yòu 〜 yòu 〜 〜だし〜だ
紧张 jǐnzhāng 〔形〕緊張している

tīng hé shuō
# 听 和 说（聞く、話す）　Audio 2-16

以下は会話と日記に関する質問の答えです。発音を聞いて質問を書き取りましょう。

① 问 _____？

Píngtián qí zìxíngchē qù.
答 平 田 骑 自行车 去。

② 问 _____？

Wáng Lán méiyǒu zìxíngchē.
答 王 岚 没有 自行车。

③ 问 _____？

Diànyǐngyuàn lí dìtiězhàn hěn jìn.
答 电影院 离 地铁站 很 近。

xiě
# 写（書く）

**1.** 中国語の誤りを直しましょう。

① 我吃早饭七点半。　_____

② 大学从我家很近。　_____

③ 我们什么去机场?　_____

**2.** 中国語に訳しましょう。

① 私は今日2コマ授業があります。　_____

② 私は毎日地下鉄に乗って大学へ行きます。　_____

③ 私は今晩あなたに電話をかけます。　_____

## 第八课 Dì bā kè | 语法要点 yǔfǎ yàodiǎn

**1.** 完了を表すアスペクト助詞 "了"「〜た」

Audio 2-17

主語 + 動詞 + 目的語 + 了

\* 否定文は "没有" を用い、"了" は消える。

Nǐ mǎi shénme le ?
你 买 什么 了 ?

Wǒ mǎi yīfu le.
—我 买 衣服 了。

主語 + 動詞 + 了 + 修飾語 + 目的語

Wǒ mǎi le yí jiàn yīfu.
我 买 了 一件 衣服。

Wǒ méi yǒu mǎi xié.
我 没（有）买 鞋。

**2.** 経験を表すアスペクト助詞 "过"「〜したことがある」

主語 + 動詞 + 过 + 目的語

\* 否定文は "没有" を用い、"过" は残る。

Wǒ qù guo Dàbǎn.
我 去过 大阪。

Wǒ méi yǒu qù guo Xiānggǎng.
我 没（有）去过 香港。

**3.** 時量補語と動量補語　動詞の後に置き、動作の持続時間（時量）と回数（動量）を表す。

主語 + 動詞 + 時量補語／動量補語 + 目的語

Nǐ kàn le duōcháng shíjiān diànshì ?
你 看 了 多 长 时间 电视 ?

Wǒ kàn le liǎng ge xiǎoshí diànshì.
—我 看 了 两个 小时 电视。

Nǐ kàn guo jǐ cì jīngjù ?
你 看 过 几 次 京剧 ?

Wǒ kàn guo liǎng cì jīngjù.
—我 看 过 两 次 京剧。

① 持続時間　　〜年　〜个月　〜个星期　〜天　〜个小时
② 回数　　　　〜次 cì　〜遍 biàn　〜回 huí

**4.** 比較

A + >比／<没有 + B + 形容詞　　AはBより〜だ
AはBほど〜でない

Gēge bǐ dìdi gāo.
哥哥 比 弟弟 高。

Dìdi méiyǒu gēge gāo.
弟弟 没 有 哥哥 高。

Dàxué de shǔjià bǐ hánjià cháng.
大学 的 暑假 比 寒假 长。

Nǐ qù le duōcháng shíjiān ?
# 你去了多长时间？

▶夏休みが終わり王嵐と平田翔は久しぶりに大学で会いました。

Hǎojiǔ bú jiàn le.
平田　好久不见了。

Nǐ shǔjià zuò shénme le ?
　　　你暑假做什么了？

Wǒ qù Jīngdū lǚyóu le.
王岚　我去京都旅游了。

Jīngdū bǐ Dōngjīng rè ba ?
平田　京都比东京热吧？

Shì a. Búguò, Jīngdū méiyǒu Shànghǎi rè.
王岚　是啊。不过, 京都没有上海热。

Nǐ qù le duōcháng shíjiān ?
平田　你去了多长时间？

Wǒ qù le wǔtiān. Nǐ qùguo Jīngdū ma ?
王岚　我去了五天。你去过京都吗？

Wǒ qùguo liǎng cì.
平田　我去过两次。

Wǒ gěi nǐ mǎile yí ge xiǎo lǐwù.
王岚　我给你买了一个小礼物。

Zhēn de ma ? Shì shénme ?
平田　真的吗？是什么？

Nǐ cāicai.
王岚　你猜猜。

---

shēngcí
## 生词（新出単語）

语法要点　　　Audio 2-19

过 guo 　助 ～したことがある

大阪 Dàbǎn 　名 大阪

香港 Xiānggǎng 　名 香港

多长 duōcháng 　どのくらい長い

时间 shíjiān 　名 時間

电视 diànshì 　名 テレビ

小时 xiǎoshí 　名 一時間

次 cì 　量 ～回

京剧 jīngjù 　名 京劇

天 tiān 　名 ～日

遍 biàn 　量 ～回

回 huí 　量 ～回

比 bǐ 　前 ～より

没有 méiyǒu 　动 ～ほど…でない

高 gāo 　形 高い

暑假 shǔjià 　名 夏休み

寒假 hánjià 　名 冬休み

长 cháng 　形 長い


会话　　　Audio 2-20

好久不见了 hǎojiǔ bújiàn le 　お久しぶりです

京都 Jīngdū 　名 京都

旅游 lǚyóu 　动 観光旅行する

不过 búguò 　接 でも

上海 Shànghǎi 　名 上海

小 xiǎo 　形 小さい

真 zhēn 　形 本当である

猜 cāi 　动 当てる、推測する

# 句型练习（文型練習）

**1.** 単語を覚えましょう。  Audio 2-21

dǎgōng
❶ 打工

xué wàiyǔ
❷ 学外语

xiě zuòyè
❸ 写作业

wánr yóuxì
❹ 玩儿游戏

kàndòngmàndiànyǐng
❺ 看动漫电影

dēngChángchéng
❻ 登长城

pá Fùshì shān
❼ 爬富士山

chīshēngyúpiàn
❽ 吃生鱼片

chuān qípáo
❾ 穿旗袍

chuān héfú
❿ 穿和服

**2.** 発音を聞いて書き取りましょう。 Audio 2-22

Nǐ zuótiān zuò shénme le?
① 问 你昨天做什么了？

Wǒ zuótiān qù dǎgōng le.
答 我昨天去打工了。

问 _____

答 _____

Nǐ dǎle duōcháng shíjiān gōng?
② 问 你打了多长时间工？

Wǒ dǎle wǔ ge xiǎoshí gōng.
答 我打了五个小时工。

问 _____

答 _____

Nǐ dēngguo jǐ cì Chángchéng?
③ 问 你登过几次长城？

Wǒ dēngguo liǎng cì Chángchéng.
答 我登过两次长城。

问 _____

答 _____

## 读（読む）　王 岚 的 日记

Fàngjià le.　Wǒ méi huíguó,　búguò,　wǒ fùmǔ lái
放假 了。我 没 回国，不过，我 父母 来

kàn wǒ le.　Wǒmen yìqǐ qù Jīngdū wánrle wǔ tiān.
看 我 了。我们 一起 去 京都 玩儿了 五 天。

Jīngdū rè jíle.　Wǒ gěi tāmen dāng fānyì.　Wǒ fùmǔ gěi
京都 热 极了。我 给 他们 当 翻译。我 父母 给

péngyoumen mǎile hěn duō lǐwù.　Wǒ gěi Píngtián mǎile
朋 友 们 买了 很 多 礼物。我 给 平 田 买了

yì hé mǒchá qiǎokèlì.
一 盒 抹茶 巧克力。

放假 fàngjià 　動 休みになる

回国 huíguó 　動 帰国する

父母 fùmǔ 　名 両親

当 dāng 　動 務める

翻译 fānyì 　名 通訳

盒 hé 　量 箱

抹茶 mǒchá 　名 抹茶

巧克力 qiǎokèlì 　名 チョコレート

## 听 和 说（聞く、話す）

以下は会話と日記に関する質問の答えです。発音を聞いて質問を書き取りましょう。

① 问 _____？

答 Tā shǔjià méi huíguó.
她 暑假 没 回国。

② 问 _____？

答 Tāmen zài Jīngdū wánrle wǔ tiān.
他们 在 京都 玩儿了 五 天。

③ 问 _____？

答 Tā gěi Píngtián mǎile yì hé mǒchá qiǎokèlì.
她 给 平 田 买了 一盒 抹茶 巧克力。

## 写（書く）

**1.** 中国語の誤りを直しましょう。

① 小王星期天没打工了。　_____

② 小王两天休息了。　_____

③ 小王打工一个小时了。　_____

**2.** 中国語に訳しましょう。

① 私は今日中国語を1時間勉強した。　_____

② 私は北京へ2回行ったことがある。　_____

③ このパソコンはあのパソコンより高い。　_____

## 第九课 | 语法要点

<small>Dì jiǔ kè</small> | <small>yǔfǎ yàodiǎn</small>

**1.** 動作の進行を表す副詞 "在"「〜している」

<small>Audio 2-25</small>

$$\boxed{主語} + 在 + \boxed{動詞} + \boxed{目的語} （呢）$$

＊ "在" か "呢" のどちらか一つを用いてもよい。

肯定文：
<small>Māma zài zuò fàn ne.</small>
妈妈 在 做 饭 呢。

疑問文：
<small>Nǐ zài kàn bǐsài ma?</small>
你 在 看 比赛 吗？

否定文：
<small>Wǒ méizài kàn bǐsài, wǒ zài xiě zuòyè ne.</small>
我 没在 看 比赛, 我 在 写 作业 呢。

**2.** 能願動詞（助動詞）

$$\boxed{主語} + \begin{array}{c} 助動詞 \\ （会／能／可以／想／要／得） \end{array} + \boxed{動詞} + \boxed{目的語}$$

① 習得して　〜できる
<small>Tā huì shuō Yīngyǔ.</small>　<small>Tā bú huì shuō Yīngyǔ.</small>
他 会 说 英语。　他 不 会 说 英语。

② 能力・条件があって　〜できる
<small>Wǒ xīngqītiān néng jiābān.</small>　<small>Wǒ xīngqītiān bù néng jiābān.</small>
我 星期天 能 加班。　我 星期天 不 能 加班。

③ 許可されて　〜できる
<small>Zhèr kěyǐ xī yān.</small>　<small>Zhèr bù néng xī yān.</small>
这儿 可以 吸 烟。　这儿 不 能 吸 烟。

④ 願望　〜したい
<small>Wǒ xiǎng qù wàiguó lǚyóu.</small>　<small>Wǒ bù xiǎng qù wàiguó lǚyóu.</small>
我 想 去 外国 旅游。　我 不 想 去 外国 旅游。

⑤ 意志　〜したい
<small>Wǒ yào mǎi diànshìjī.</small>　<small>Wǒ bù xiǎng mǎi diànshìjī.</small>
我 要 买 电视机。　我 不 想 买 电视机。

⑥ 義務・必要性　〜しなければならない

<small>Wǒ yào shàngkè.</small>　<small>Wǒ bú yòng shàngkè.</small>　<small>Wǒ děi dǎgōng.</small>　<small>Wǒ bú yòng dǎgōng.</small>
我 要 上课。　我 不 用 上课。　我 得 打工。　我 不 用 打工。

**3.** 変化、到達を表す文末助詞 "了"

① 変化
<small>Tā huì shuō Rìyǔ le.</small>　<small>Wǒ è le.</small>　<small>Xiàxuě le.</small>
她 会 说 日语 了。　我 饿 了。　下雪 了。

② 到達
<small>Tā èrshí suì le.</small>　<small>Yǐjing shí'èr diǎn le.</small>
她 二十 岁 了。　已经 十二 点 了。

Nǐ zài kàn shénme ne ?
## 你 在 看 什么 呢？

▶王嵐は研究室で何かを真剣に見ています。

Nǐ zàikàn shénme ne ?
平田　你 在 看 什么 呢？

Wǒ zài kàn diànnǎo de guǎnggào.
王岚　我 在 看 电脑 的 广告。

Nǐ xiǎng mǎi diànnǎo ma ?
平田　你 想 买 电脑 吗？

Duì, wǒ yào mǎi yì tái xīndiànnǎo.
王岚　对，我 要 买 一 台 新电脑。

Nǐ néng bāng wǒ kànkan ma ?
你 能 帮 我 看看 吗？

Dāngrán kěyǐ, kěshì xiànzài wǒ děi shàngkè.
平田　当然 可以，可是 现在 我 得 上课。

Xiàkè yǐhòu kěyǐ ma ?
王岚　下课 以后 可以 吗？

méiwèntí.
平田　OK，没问题。

Wǒ de hùzhào kěyǐ miǎnshuì ma ?
王岚　我 的 护照 可以 免税 吗？

Wǒ yě bù zhīdao. Qù wènwen diànyuán ba.
平田　我 也 不 知道。去 问问 店 员 吧。

语法要点　 Audio 2-27

在 zài　[副]〜している

饭 fàn　[名]ご飯、食事

呢 ne　[助]〜しているよ

比赛 bǐsài　[名]試合

会 huì　[助動]〜できる

能 néng　[助動]〜できる

可以 kěyǐ　[助動]〜できる、〜してもよい

想 xiǎng　[助動]〜したい

要 yào　[助動]〜したい、〜するつもりだ、
〜しなければならない

得 děi　[助動]〜しなければならない

英语 Yīngyǔ　[名]英語

加班 jiābān　[動]残業する

吸烟 xīyān　[動]タバコを吸う

外国 wàiguó　[名]外国

电视机 diànshìjī　[名]テレビ

不用 búyòng　[副]する必要がない

饿 è　[形]お腹がすいている

下雪 xiàxuě　[動]雪が降る

已经 yǐjing　[副]既に、もう

会话　 Audio 2-28

广告 guǎnggào　[名]広告

对 duì　[形]その通りだ

新 xīn　[形]新しい

帮 bāng　[動]手伝う、助ける

当然 dāngrán　[形]もちろん

以后 yǐhòu　[名]〜以後

没问题 méi wèntí　大丈夫

护照 hùzhào　[名]パスポート

免税 miǎnshuì　[動]免税にする

知道 zhīdao　[動]知る、心得る

问 wèn　[動]尋ねる

店员 diànyuán　[名]店員

**1.** 単語を覚えましょう。　　 Audio 2-29

tán gāngqín
❶ 弹 钢琴

yóuyǒng
❷ 游 泳

kāichē
❸ 开车

qí zìxíngchē
❹ 骑 自行车

bāo jiǎozi
❺ 包饺子

yòng xìnyòngkǎ
❻ 用 信用卡

shàngwǎng
❼ 上 网

zhàoxiàng
❽ 照 相

xīyān
❾ 吸烟

tíngchē
❿ 停车

**2.** 発音を聞いて書き取りましょう。　　Audio 2-30

Nǐ zài zuò shénme ne ?
① 问 你 在 做 什么 呢？

Wǒ zài shàngwǎng ne.
答 我 在 上 网 呢。

问 _____

答 _____

Nǐ huì kāichē ma ?
② 问 你 会 开车 吗？

Wǒ bú huì kāichē.
答 我 不 会 开车。

问 _____

答 _____

Shāngdiàn li kěyǐ zhàoxiàng ma ?
③ 问 商 店 里 可以 照相 吗？

Shāngdiàn li bù néng zhàoxiàng.
答 商 店 里 不 能 照相。

问 _____

答 _____

## 读（読む） 平田的日记

Xiàkè hòu wǒ hé Wáng Lán qù mǎi le yì tái
下课后我和王岚去买了一台
diànnǎo. Xiànzài tā huì shuō Rìyǔ le, tā xiǎng yòng
电脑。现在她会说日语了，她想用
Rìyǔ fā diànzǐ yóujiàn. Tā de xīn diànnǎo yòu néng dǎ
日语发电子邮件。她的新电脑又能打
Rìyǔ, yòu néng dǎ Hànyǔ, hěn fāngbiàn. Wáng Lán de
日语，又能打汉语，很方便。王岚的
hùzhào bù néng miǎnshuì. Wáng Lán shuō: "Tài gǎnxiè nǐ
护照不能免税。王岚说："太感谢你
le." Wǒ yǒudiǎnr bù hǎoyìsi.
了。"我有点儿不好意思。

发 fā 〔動〕送信する
电子邮件 diànzǐ yóujiàn 〔名〕メール
打 dǎ 〔動〕打つ
感谢 gǎnxiè 〔動〕感謝する
不好意思 bù hǎoyìsi 照れくさい

## 听和说（聞く、話す）

以下は会話と日記に関する質問の答えです。発音を聞いて質問を書き取りましょう。

① 问 ＿＿＿＿＿＿＿＿＿＿＿＿？
答 Tā mǎi le yì tái xīn diànnǎo.
她买了一台新电脑。

② 问 ＿＿＿＿＿＿＿＿＿＿＿＿？
答 Tā de xīn diànnǎo néng dǎ Rìyǔ.
她的新电脑能打日语。

③ 问 ＿＿＿＿＿＿＿＿＿＿＿＿？
答 Tā de hùzhào bù néng miǎnshuì.
她的护照不能免税。

## 写（書く）

**1.** 中国語の誤りを直しましょう。

① 我会去洗手间吗？　＿＿＿＿＿＿＿＿＿＿＿

② 你会来一下吗？　＿＿＿＿＿＿＿＿＿＿＿

③ 你今天喝酒了，不会开车。＿＿＿＿＿＿＿＿

**2.** 中国語に訳しましょう。

① 私は通訳になりたいです。　＿＿＿＿＿＿＿＿

② 彼は毎日授業に出なければなりません。＿＿＿＿＿

③ 私は今、運転しているところなので、電話できません。

Dì shí kè
第十课 | yǔfǎ yàodiǎn
语法要点

**1. 様態補語** ある動作行為がどのような状態であるかを表す。

Audio 2-33

① 目的語がない場合

主語 + 動詞 + 得 + 様態補語（形容詞・フレーズ）

肯定文：
Tā pǎo de hěn kuài.
他 跑得 很 快。

疑問文：
Tā pǎo de kuài ma?
他 跑得 快 吗？　　　　
Tā pǎo de kuài bu kuài?
他 跑得 快 不 快？

否定文：
Tā pǎo de bú kuài.
他 跑得 不 快。

② 目的語がある場合

主語 + （動詞）目的語 + 同じ動詞 + 得 + 様態補語（形容詞・フレーズ）

Nǐ shuō Hànyǔ shuō de hěn liúlì.
你（说）汉语 说得 很 流利。

Nǐ dǎ pīngpāngqiú dǎ de zěnmeyàng?
你（打）乒乓球 打得 怎么样？　　
Wǒ dǎ de bú tài hǎo.
—我 打得 不 太 好。

**2. 二重目的語**

主語 + 動詞 + 目的語①（人） + 目的語②（モノ、コト）

＊二つ目的語をとる動詞は限られている。　例：教 jiāo、问 wèn、送 sòng、告诉 gàosu、给 gěi

Shéi jiāo nǐmen Hànyǔ?
谁 教 你们 汉语？　　　　　　
Lǐ lǎoshī jiāo wǒmen Hànyǔ.
—李 老师 教 我们 汉语。

Wǒ xiǎng wèn lǎoshī yí ge wèntí.
我 想 问 老师 一个 问题。

**3. 形容詞が名詞を修飾する場合**　形容詞が1字の場合、"的"は省略。

hǎotīng de gē
好听 的 歌

gānjìng de fángjiān
干净 的 房间

jiǎndān de wèntí
简单 的 问题

xīn chē
新 车

hǎo péngyou
好 朋友

xiǎo lǐwù
小 礼物

🔊 Audio 2-34

Nǐ yǒu shénme àihào ?
# 你 有 什么 爱好？

▶王嵐は習字の稽古をしています。

Nǐ Hànzì xiěde zhēn piàoliang.
平田　你 汉字 写得 真 漂亮。

Nǎli nǎli. Nǐ yǒu shénme àihào ?
王岚　哪里 哪里。你 有 什么 爱好？

Wǒ xǐhuan chànggē.
平田　我 喜欢 唱 歌。

Nǐ huìchàng Zhōngwén gē ma ?
王岚　你 会 唱 中 文 歌吗？

Wǒ gāng xuéle yì shǒu xīngē.
平田　我 刚 学了 一 首 新歌。

Nǐ tīngting, wǒ chàngde zěnmeyàng ?
你 听听，我 唱 得 怎么样？

Nǐ chàngde tài bàng le !
王岚　你 唱 得 太 棒 了！

Zhōumò wǒmen yìqǐ qù chàng kǎlā ba.
平田　周 末 我们 一起 去 唱 卡拉OK吧。

Bùxíng, bùxíng, wǒ chàngde bù hǎo.
王岚　不行，不行，我 唱 得 不好。

Méi guānxi, wǒ jiāo nǐ Rìwén gē.
平田　没 关系，我 教 你 日文 歌。

**shēngcí**
## 生词〔新出单语〕

语法要点　🔊 Audio 2-35

得 de 〔助〕〜するのが

跑 pǎo 〔動〕走る

快 kuài 〔形〕速い

流利 liúlì 〔形〕流暢だ

打 dǎ 〔動〕(球技などを) する

乒乓球 pīngpāngqiú 〔名〕卓球

教 jiāo 〔動〕教える

问题 wèntí 〔名〕問題

好听 hǎotīng 〔形〕（聞いて）快い、素晴らしい

歌 gē 〔名〕歌

干净 gānjìng 〔形〕きれい、清潔

简单 jiǎndān 〔形〕簡単な

好 hǎo 〔形〕親しい；上手だ

会话　🔊 Audio 2-36

汉字 Hànzì 〔名〕漢字

真 zhēn 〔副〕本当に

哪里 nǎli とんでもない

爱好 àihào 〔名〕趣味

中文 Zhōngwén 〔名〕中国語

刚 gāng 〔副〕たった今、ちょうど

首 shǒu 〔量〕曲

听 tīng 〔動〕聞く

棒 bàng 〔形〕素晴らしい

周末 zhōumò 〔名〕週末

卡拉OK kǎlā OK 〔名〕カラオケ

不行 bùxíng 〔形〕だめだ

没关系 méi guānxi 大丈夫

日文 Rìwén 〔名〕日本語

**1.** 単語を覚えましょう。　　　　　　　　　　　　　　📶 Audio 2-37

chàng gē
❶ 唱 歌

tiàowǔ
❷ 跳舞

tīng yīnyuè
❸ 听 音乐

huà huàr
❹ 画 画儿

lǚyóu
❺ 旅游

yùndòng
❻ 运 动

huáxuě
❼ 滑雪

dǎ pīngpāngqiú
❽ 打乒乓球

tī zúqiú
❾ 踢 足球

dǎ bàngqiú
❿ 打 棒球

**2.** 発音を聞いて書き取りましょう。　　　　　　　　📶 Audio 2-38

Nǐ yǒu shénme àihào ?
①问 你 有 什么 爱好？

Wǒ xǐhuan chàng gē.
答 我 喜欢 唱 歌。

问 _____

答 _____

Tā Yīngyǔ shuōde zěnmeyàng ?
②问 他 英语 说得 怎么样？

Tā shuōde bútài liúlì.
答 他 说得 不太 流利。

问 _____

答 _____

Tā tī zúqiú tīde zěnmeyàng ?
③问 他 踢 足球 踢得 怎么样？

Tā tī zúqiú tīde hěn hǎo.
答 他 踢 足球 踢得 很 好。

问 _____

答 _____

**读（読む）** dú

*Wáng Lán de rì jì*
# 王 岚 的 日记

🔊 Audio 2-39

*Zhōuliù wǒ hé péngyoumen yìqǐ qù chàng kǎlā le.*
周六 我 和 朋友们 一起 去 唱 卡拉OK 了。

*Tāmen dōu hěn yǒu yìsi. Píngtián huì tán jítā. Xiǎolín huì*
他们 都 很 有 意思。平田 会 弹 吉他。 小林 会

*tán gāngqín. Língmù dǎ pīngpāngqiú dǎde fēicháng hǎo. Shānběn*
弹 钢琴。铃木 打 乒乓球 打得 非常 好。山本

*shuō: "Wǒ méiyǒu tècháng, búguò, wǒ pǎode hěn kuài." Dàjiā*
说："我 没有 特长， 不过， 我 跑得 很 快。" 大家

*dōu xiào le. Píngtián jiāole wǒ yì shǒu hǎotīng de Rìwén gē. Tāmen*
都 笑 了。平田 教了 我 一 首 好听的 日文 歌。他们

*shuō wǒ Rìyǔ jìnbùde hěn kuài. Wǒmen wánrde hěn kāixīn.*
说 我 日语 进步得 很 快。我们 玩儿得 很 开心。

| | |
|---|---|
| 周六 zhōuliù | 名 土曜日 |
| 特长 tècháng | 名 特技 |
| 大家 dàjiā | 名 みんな |
| 笑 xiào | 動 笑う |
| 进步 jìnbù | 動 進歩する |

**听 和 说（聞く、話す）** *tīng hé shuō*

🔊 Audio 2-40

以下は会話と日記に関する質問の答えです。発音を聞いて質問を書き取りましょう。

① 问 ＿＿＿＿＿＿＿ ？

答 *Tā Hànzì xiěde hěn piàoliang.*
她 汉字 写得 很 漂亮。

② 问 ＿＿＿＿＿＿＿ ？

答 *Tā hé péngyoumen yìqǐ qù chàng kǎlā le.*
她 和 朋友们 一起 去 唱 卡拉OK 了。

③ 问 ＿＿＿＿＿＿＿ ？

答 *Tā dǎ pīngpāngqiú dǎde fēicháng hǎo.*
他 打 乒乓球 打得 非常 好。

**写（書く）** *xiě*

**1.** 中国語の誤りを直しましょう。

① 他说汉语很流利。 ＿＿＿＿＿＿＿＿＿

② 我滑雪不太好。 ＿＿＿＿＿＿＿＿＿

③ 我买了一件漂亮旗袍。 ＿＿＿＿＿＿＿＿＿

**2.** 中国語に訳しましょう。

① あなたは日本語を話すのが速すぎます。 ＿＿＿＿＿＿＿＿＿

② 弟は野球をするのが上手です。 ＿＿＿＿＿＿＿＿＿

③ 姉は私に英語を教えてくれます。 ＿＿＿＿＿＿＿＿＿

## 第十一课 語法要点

Dì shíyī kè 第十一课 | yǔfǎ yàodiǎn 语法要点

**1.** 結果補語　動詞は原因行為、補語は結果状態

 Audio 2-41

主語 ＋ 動詞 ＋ 結果補語（動詞・形容詞）

＊目的語は文頭に置くこともある。

| | | |
|---|---|---|
| wán<br>～完（終わる） | Wǒmen xué wán dì shí kè le.<br>我们 学 完 第 十 课 了。 | Wǒmen méi xué wán dì shíyī kè.<br>我们 没 学 完 第 十一 课。 |
| dǒng<br>～懂（わかる） | Wǒ kàndǒng nàběn shū le.<br>我 看 懂 那本 书 了。 | Wǒ méi kàndǒng nàběn shū.<br>我 没 看 懂 那本 书。 |
| dào<br>～到（到達、達成する） | Wǒ mǎidào ménpiào le.<br>我 买 到 门 票 了。 | Wǒ méi mǎidào ménpiào.<br>我 没 买 到 门 票。 |
| cuò<br>～错（間違えている） | Wǒ xiěcuò pīnyīn le.<br>我 写错 拼音 了。 | Wǒ méi xiěcuò pīnyīn.<br>我 没 写错 拼音。 |
| hǎo<br>～好（満足すべき状態になる） | Wǒ xiǎng xuéhǎo Hànyǔ<br>我 想 学好 汉语 | Wǒ méi xuéhǎo Hànyǔ.<br>我 没 学好 汉语。 |
| | Nǐ niàncuò zhège Hànzì le.<br>你 念错 这个 汉字 了。 | Zhège Hànzì nǐ niàncuò le.<br>这个 汉字 你 念错 了。 |

**2.** 可能補語（1）

動詞 ＋ 得／不 ＋ 結果補語　　　「～することができる／できない」

| 結果補語 | | 可能補語 | |
|---|---|---|---|
| tīng dǒng<br>听 懂 | tīng de dǒng<br>听 得 懂 | tīng bu dǒng<br>听 不 懂 | Wǒ tīng de dǒng Hànyǔ.<br>我 听 得 懂 汉语。 |
| kàn dǒng<br>看 懂 | kàn de dǒng<br>看 得 懂 | kàn bu dǒng<br>看 不 懂 | Wǒ kàn bu dǒng Zhōngwéncàidān.<br>我 看 不 懂 中 文 菜单。 |

**3.** "快要～了" "就要～了"　「もうすぐ～だ」

Kuàiyào fàng hánjià le.
快 要 放 寒假 了。

Wǒ kuàiyào huíguó le.
我 快 要 回国 了。

Wǒ xiàge xīngqī jiùyào huíguó le.
我 下个 星期 就要 回国 了。

Jīpiào    yǐjing    dìng hǎo le    ma ?
# 机票 已经 订好了 吗？

▶平田翔と王嵐は日本料理店で送別会をしています。

Wǒ  xiàge  xīngqī  jiùyào  huíguó le.
王岚　我 下个 星期 就要 回国 了。

Jīpiào  yǐjing  dìnghǎo le  ma ?
平田　机票 已经 订 好了 吗？

Dìnghǎo le.    Xíngli  yě  dōu  zhǔnbèihǎo le.
王岚　订 好了。行李 也 都 准备好 了。

Nà  wǒmén  diǎncài  ba.
平田　那 我们 点菜 吧。

Nǐ  kàn de dǒng  Rìwén  càidān  ma ?
你 看得懂 日文 菜单 吗？

Yǒu  zhàopiàn,  dāngrán  kàn de dǒng.
王岚　有 照片，当然 看得懂。

Yào  yífèn  shēngyúpiàn、  yífèn  shòusī,
平田　要 一份 生鱼片、 一份 寿司，

yífèn  tiānfùluó……
一份 天妇罗……

Tài  duō  le,    chībuwán.
王岚　太 多 了，吃不完。

Méiguānnxi,  nǐ  jīntiān  yídìng  yào  chīhǎo.
平田　没关系，你 今天 一定 要 吃好。

Gānbēi !
王岚和平田　干杯！

shēngcí
生词（新出単語）

语法要点　　　　　　Audio 2-43

学完 xuéwán　〜学び終わる

第〜课 dì 〜 kè　第〜課

看懂 kàndǒng　見てわかる

买到 mǎidào　買える

门票 ménpiào　名 入場券

写错 xiěcuò　書き間違える

拼音 pīnyīn　名 ピンイン

学好 xuéhǎo　マスターする

念错 niàncuò　読み間違える

得 de　助 〜できる

不 bu　助 〜できない

听懂 tīngdǒng　聞いてわかる

听得懂 tīngdedǒng　聞いてわかる

听不懂 tīngbudǒng　聞いてわからない

看得懂 kàndedǒng　見てわかる

看不懂 kànbudǒng　見てわからない

菜单 càidān　名 メニュー

快要〜了 kuáiyào 〜 le　もうすぐ〜だ

就要〜了 jiùyào 〜 le　もうすぐ〜だ

放 fàng　動 休みになる

下个星期 xiàgexīngqī　名 来週

会话　　　　　　　　Audio 2-44

机票 jīpiào　名 航空券

订好 dìnghǎo　予約し終える

行李 xíngli　名 荷物

准备 zhǔnbèi　動 準備する

那 nà　接 それでは、じゃあ

点菜 diǎncài　動 料理を注文する

照片 zhàopiàn　名 写真

份 fèn　量 〜人前の、〜セット

寿司 shòusī　名 寿司

天妇罗 tiānfùluó　名 天ぷら

吃不完 chībuwán　食べきれない

一定 yídìng　副 必ず

吃好 chīhǎo　しっかり食べる

干杯 gānbēi　動 乾杯する

## 句型练习（文型練習）

jù xíng liàn xí

**1.** 単語を覚えましょう。

Audio 2-45

xiěwán le
❶ 写完 了

xiědewán
❷ 写得完

xiūhǎo le
❸ 修好 了

xiūdehǎo
❹ 修得好

kàndedǒng
❺ 看得懂

méi xiěwán
❻ 没 写完

xiěbuwán
❼ 写不完

méi xiūhǎo
❽ 没 修好

xiūbuhǎo
❾ 修不好

kànbudǒng
❿ 看不懂

**2.** 発音を聞いて書き取りましょう。

Audio 2-46

Nǐ xiěwán zuòyè le ma ?
① 问 你 写完 作业 了吗？

问 ＿＿＿＿＿＿＿＿＿＿＿

Wǒ xiěwán zuòyè le.
答 我 写完 作业 了。

答 ＿＿＿＿＿＿＿＿＿＿＿

Nǐ de chē xiūhǎo le ma ?
② 问 你的车 修好 了吗？

问 ＿＿＿＿＿＿＿＿＿＿＿

Wǒ de chē hái méi xiūhǎo.
答 我的车 还 没 修好。

答 ＿＿＿＿＿＿＿＿＿＿＿

Nǐ tīngdedǒng Yīngyǔ ma ?
③ 问 你 听得懂 英语 吗？

问 ＿＿＿＿＿＿＿＿＿＿＿

Wǒ tīngdedǒng Yīngyǔ.
答 我 听得懂 英语。

答 ＿＿＿＿＿＿＿＿＿＿＿

Píng tián de rì jì
**平田 的 日记**

Wáng Lán xiàge xīngqī jiùyào huíguó le. Yǐqián wǒ tīng
王 岚 下个 星期 就要 回国 了。以前 我 听

budǒng tā de huà, yě kàn bu dǒng tā de duǎnxìn. Xiànzài,
不 懂 她 的 话，也 看 不 懂 她 的 短信。现在，

jīběnshang méi wèntí le. Wǒ yuèláiyuè xǐhuan Hànyǔ le,
基本上 没 问题 了。我 越来越 喜欢 汉语 了，

Wáng Lán yě yuèláiyuè xǐhuan Rìběn le. Kěxī shíjiān
王 岚 也 越来越 喜欢 日本 了。可惜 时间

guòde tài kuài le. Shénme shíhou néng zài jiànmiàn ne?
过得 太 快 了。什么 时候 能 再 见 面 呢？

以前 yǐqián 〔名〕以前

话 huà 〔名〕話

基本上 jīběnshang 〔副〕大体

越来越 yuèláiyuè だんだん〜になる

可惜 kěxī 〔形〕残念だ

过 guò 〔動〕経つ、過ぎる

再 zài 〔副〕また、再び

---

tīng hé shuō
**听 和 说**（聞く、話す）

以下は会話と日記に関する質問の答えです。発音を聞いて質問を書き取りましょう。

① 问 _____ ？

② 问 _____ ？

③ 问 _____ ？

Tā yǐjing dìnghǎo jīpiào le.
答 她 已经 订 好 机票 了。

Píngtián yuèláiyuè xǐhuan Hànyǔ le.
答 平 田 越来越 喜欢 汉语 了。

Tā xiàge xīngqī jiùyào huíguó le.
答 她 下个 星期 就要 回国 了。

---

xiě
**写**（書く）

**1.** 中国語の誤りを直しましょう。

① 我看那本书懂了。 _____

② 我中国电影看不懂。 _____

③ 他明天快要回国了。 _____

**2.** 中国語に訳しましょう。

① あなたはこの漢字を書き間違えました。 _____

② もうすぐ冬休みです。 _____

③ 私は中国語のメニューを見てもわかりません。 _____

## 1. 方向補語の一覧表

🔊 Audio 2-49

|  | shàng 上 | xià 下 | jìn 进 | chū 出 | huí 回 | guò 过 | qǐ 起 |
|---|---|---|---|---|---|---|---|
| 来 | 上来 | 下来 | 进来 | 出来 | 回来 | 过来 | 起来 |
| 去 | 上去 | 下去 | 进去 | 出去 | 回去 | 过去 | — |

## 2. 方向補語　動作の方向を表す

主語 ＋ 動詞 ＋（場所）＋ 方向補語

Wáng Lán　huí Zhōngguó　qu le.
王 岚 回（中国）去了。

Lǎoshī zǒu jìn jiàoshì lai le.
老师 走进（教室）来了。

## 3. 可能補語（2）

主語 ＋ 動詞 ＋ 得／不 ＋ 方向補語

方向補語　　　　　　可能補語

huílai　　　huí de lái　　huí bu lái
回来　　　回 得 来　　回 不 来

huíqu　　　huí de qù　　huí bu qù
回去　　　回 得 去　　回 不 去

Nǐ jīntiān huí de lái ma?　Wǒ jīntiān huí bu qù.
你 今天 回得来 吗? ——我 今天 回不去。

## 4. "是～的"

主語 ＋（是）＋ 時・所・方法など ＋ 動詞 ＋ 目的語 ＋ 的

＊既に発生したことについて「いつ、どこで、どうやって」等に焦点がある時の文型。
＊目的語は"的"の後に置いてもよい。

Nǐ shì shénme shíhou lái Rìběn de.　Wǒ shì qùnián lái de.
你（是）什么 时候 来 日本 的。 ——我（是）去年 来 的。

Nǐ shì zài nǎr xué de Rìyǔ?　Wǒ shì zài Zhōngguó xué de.
你（是）在 哪儿 学 的 日语? ——我（是）在 中 国 学 的。

Yílù   píng'ān
## 一路 平安

▶空港で王嵐は重量オーバーのトラブルがありました。

Wǒ de xíngli chāozhòng le.
王岚　我的 行李 超 重 了。

Zhè běn cídiǎn  dàibuhuíqu le.
这 本 词典 带不回去 了。

Wǒ gěi nǐ  jìhuí Zhōngguó qu ba.
平田　我 给 你 寄回 中 国 去 吧。

Búyòng le.  Zhè shì zài Zhōngguó mǎide.
王岚　不用 了。这 是 在 中 国 买的。

Huíguó yǐhòu,   yě mǎidedào.
回国 以后, 也 买得到。

Nà  wǒ náhuíqù yòng ba.
平田　那 我 拿回去 用 吧。

Nà tài hǎo le.
王岚　那 太 好 了。

Fēijī kuàiyào qǐfēi le,  kuài jìnqu ba.
平田　飞机 快 要 起飞 了, 快 进去 吧。

Míngnián Shànghǎi zàijiàn.
王岚　明 年 上 海 再见。

Yì yán wéi dìng！  Yílù  píng'ān！
平田　一 言 为 定！一路 平安！

语法要点　🎧 Audio 2-51

上 shàng 　動 上がる
下 xià 　動 下がる
进 jìn 　動 入る
出 chū 　動 出る
过 guò 　動 通る
起 qǐ 　動 起きる
走 zǒu 　動 歩く
教室 jiàoshì 　名 教室
是〜的 shì 〜 de 　〜なのです
去年 qùnián 　名 去年

会话　🎧 Audio 2-52

超重 chāozhòng 　動 重さが超過する
寄 jì 　動 郵送する
拿 ná 　動 持つ、つかむ
起飞 qǐfēi 　動 離陸する
明年 míngnián 　名 来年
一言为定 yì yán wéi dìng 　約束です
一路平安 yílù píng'ān 　道中御無事で

**1.** 単語を覚えましょう。  Audio 2-53

hùzhào
❶ 护照

guānguāng dìtú
❷ 观 光 地图

rénmínbì xiànjīn
❸ 人民币 现金

lǚxíngxiāng
❹ 旅行箱

yào
❺ 药

chūqu
❻ 出去

jìnqu
❼ 进去

pǎoshàngqu
❽ 跑上去

dàihuíqu
❾ 带回去

náchūlai
❿ 拿出来

**2.** 発音を聞いて書き取りましょう。 Audio 2-54

Wǒ kěyǐ jìnqu ma ?
① 问 我 可以 进去 吗？

Nǐ jìnlai ba.
答 你 进来 吧。

问 _____

答 _____

Zhèxiē shū nǐ yào dàihuíqu ma ?
② 问 这些 书 你 要 带回去 吗？

Zhèxiē shū wǒ yào dàihuíqu.
答 这些 书 我 要 带回去。

问 _____

答 _____

Nǐ shì zěnme huílai de ?
③ 问 你 是 怎么 回来 的？

Wǒ shì zuò fēijī huílai de.
答 我 是 坐 飞机 回来 的。

问 _____

答 _____

**Zài jīchǎng, Píngtián sònggěi wǒ yì běn yǐngjí.**
在 机场, 平田 送给 我 一 本 影集。

**Nàxiē zhàopiàn dōu shì tā zhào de. Dì yī zhāng shì hé**
那些 照片 都 是 他 照 的。 第 一 张 是 和

**Zuǒzuǒmù tóngxué yìqǐ zhào de, dì èr zhāng shì zài**
佐佐木 同学 一起 照 的, 第 二 张 是 在

**yīnghuā shù xià zhào de …… Wǒ wàngbuliǎo měilì de**
樱花 树 下 照 的…… 我 忘不了 美丽 的

**xiàoyuán, wàngbuliǎo rèqíng de tóngxuémen, wàngbuliǎo zhè**
校园, 忘不了 热情 的 同学们, 忘不了 这

**yì nián kuàilè de shíguāng.**
一 年 快乐 的 时光。

送 sòng 〔動〕贈る
影集 yǐngjí 〔名〕写真集
照 zhào 〔動〕写す
第～ dì～ 〔接頭〕～番目
树 shù 〔名〕木
忘不了 wàngbuliǎo 忘れられない
美丽 měilì 〔形〕美しい
校园 xiàoyuán 〔名〕キャンパス
热情 rèqíng 〔形〕心の温かい
时光 shíguāng 〔名〕時間、年月

**tīng hé shuō**
**听 和 说**（聞く、話す） 🔊 Audio 2-56

以下は会話と日記に関する質問の答えです。発音を聞いて質問を書き取りましょう。

① 问 _____ ？
答 **Zài jīchǎng, Píngtián sònggěi tā yì běn yǐngjí.**
在机场, 平田 送给 她 一 本 影集。

② 问 _____ ？
答 **Nàxiē zhàopiàn dōu shì tā zhào de.**
那些 照 片 都 是 他 照 的。

③ 问 _____ ？
答 **Dì èr zhāng shì zài yīnghuā shù xià zhàode.**
第二 张 是 在 樱花 树 下 照 的。

**xiě**
**写**（書く）

1. 中国語の誤りを直しましょう。

① 田中回去日本了。 _____

② 你是什么时候回来了？ _____

③ 你是在哪儿买了？ _____

2. 中国語に訳しましょう。

① 彼女は昨日上海へ帰って行きました。 _____

② 彼は教室に入ってきました。 _____

③ このパソコンは去年買ったものです。 _____

# 語句索引

各課の新出語句をピンインのアルファベット順に並べています。数字は頁です。

| 带 | dài | 持つ | 25 |
|---|---|---|---|
| 带回去 | dàihuíqu | 持って戻って行く | 60 |
| 大家 | dàjiā | みんな | 53 |
| 当 | dāng | 務める | 45 |
| 当然 | dāngrán | もちろん | 47 |
| 到 | dào | ～まで | 38 |
| 到 | dào | 到達、達成する | 54 |
| 大学 | dàxué | 大学 | 18 |
| 大学生 | dàxuéshēng | 大学生 | 16 |
| 的 | de | ～の；連体修飾語の後に置く | 17 |
| 得 | de | ～するのが | 50 |
| 得 | de | ～できる（可能を表す） | 54 |
| 得 | děi | ～しなければならない | 46 |
| 登 | dēng | 待つ | 44 |
| 等 | děng | 待つ | 26 |
| 第～ | dì | ～番目 | 61 |
| 第～课 | dì～kè | 第～課 | 54 |
| 第一次 | dìyī cì | 初めて | 41 |
| 点 | diǎn | ～時 | 30 |
| 点菜 | diǎncài | 料理を注文する | 55 |
| 电脑 | diànnǎo | パソコン | 20 |
| 电视 | diànshì | テレビ | 42 |
| 电视机 | diànshìjī | テレビ | 46 |
| 电影 | diànyǐng | 映画 | 39 |
| 电影票 | diànyǐngpiào | 映画チケット | 39 |
| 电影院 | diànyǐngyuàn | 映画館 | 39 |
| 店员 | diànyuán | 店員 | 47 |
| 电子邮件 | diànzǐ yóujiàn | メール | 49 |
| 弟弟 | dìdi | 弟 | 22 |
| 订 | dìng | 予約する | 55 |
| 订好 | dìnghǎo | 予約し終える | 55 |
| 地铁 | dìtiě | 地下鉄 | 40 |
| 地铁站 | dìtiězhàn | 地下鉄駅 | 41 |
| 地图 | dìtú | 地図 | 35 |
| 懂 | dǒng | わかる | 54 |
| 东京 | Dōngjīng | 東京 | 26 |
| 动漫电影 | dòngmàn diànyǐng | アニメーション映画 | 44 |
| 东面 | dōngmian | 東の方 | 34 |
| 冬天 | dōngtiān | 冬 | 26 |
| 东西 | dōngxi | 物 | 38 |
| 都 | dōu | みな、全て | 25 |
| 短信 | duǎnxìn | ショートメール | 21 |
| 对 | duì | その通りだ | 47 |

| 对面 | duìmiàn | 向かい | 34 |
|---|---|---|---|
| 多 | duō | 多い | 29 |
| 多长 | duōcháng | どのくらい長い | 42 |
| 多大 | duōdà | 何歳か | 30 |
| 多少 | duōshao | どのくらい、いくつ | 34 |
| 多少钱 | duōshao qián | いくらですか | 30 |

# E

| 饿 | è | お腹が空いている | 46 |
|---|---|---|---|

# F

| 发 | fā | 送信する | 49 |
|---|---|---|---|
| 饭 | fàn | ご飯 | 46 |
| 饭店 | fàndiàn | ホテル | 36 |
| 放 | fàng | 休みになる | 54 |
| 方便 | fāngbiàn | 便利 | 41 |
| 方便面 | fāngbiànmiàn | インスタントラーメン | 24 |
| 放假 | fàngjià | 休みになる | 45 |
| 房间 | fángjiān | 部屋 | 21 |
| 翻译 | fānyì | 通訳；翻訳 | 45 |
| 非常 | fēicháng | 非常に | 26 |
| 飞机 | fēijī | 飛行機 | 40 |
| 分 | fēn | ～分 | 30 |
| 分 | fēn | 人民元の単位、角の10分の1 | 30 |
| 份 | fèn | ～人前（組、揃いの物を数える） | 55 |
| 父母 | fùmǔ | 両親 | 45 |
| 富士山 | Fùshì shān | 富士山 | 44 |

# G

| 干杯 | gānbēi | 乾杯する | 55 |
|---|---|---|---|
| 刚 | gāng | たった今、ちょうど | 51 |
| 钢琴 | gāngqín | ピアノ | 48 |
| 干净 | gānjìng | きれい、清潔 | 50 |
| 感谢 | gǎnxiè | 感謝する | 49 |
| 高 | gāo | 高い | 42 |
| 高兴 | gāoxìng | 嬉しい | 14 |
| 高中生 | gāozhōngshēng | 高校生 | 16 |
| 个 | ge | ～個 | 30 |
| 歌 | gē | 歌 | 51 |
| 哥哥 | gēge | 兄 | 37 |
| 给 | gěi | 与える、あげる | 31 |
| 给 | gěi | ～に | 38 |
| 跟 | gēn | ～に、～と | 38 |

## H

## J

| | | | |
|---|---|---|---|
| 那个 | nàge, nèige | それ、あれ | 18 |
| 哪个 | nǎge，něige | どれ | 18 |
| 哪国 | nǎguó | どの国 | 18 |
| 奶奶 | nǎinai | 父方のおばあさん | 30 |
| 哪里 | nǎli | どこ | 34 |
| 哪里 | nǎli | とんでもない | 51 |
| 那里 | nàli | そこ、あそこ | 34 |
| 难 | nán | 難しい | 27 |
| 南面 | nánmian | 南の方 | 34 |
| 男朋友 | nánpéngyou | ボーイフレンド | 20 |
| 哪儿 | nǎr | どこ | 22 |
| 那儿 | nàr | そこ、あそこ | 34 |
| 哪些 | nǎxiē, něixiē | どれ | 18 |
| 那些 | nàxiē, nèixiē | それら、あれら | 18 |
| 呢 | ne | ～は？ | 22 |
| 呢 | ne | ～しているよ | 46 |
| 能 | néng | ～できる | 46 |
| 你 | nǐ | あなた | 14 |
| 年 | nián | 年 | 30 |
| 念 | niàn | （声を出して）読む | 54 |
| 念错 | niàncuò | 読み間違える | 54 |
| 年纪 | niánjì | 年齢 | 30 |
| 你好 | nǐhǎo | こんにちは | 15 |
| 你们 | nǐmen | あなたたち | 14 |
| 您 | nín | あなた ( 目上の人に使う ) | 14 |
| 牛奶 | niúnǎi | 牛乳 | 28 |
| 暖和 | nuǎnhuo | 暖かい | 28 |
| 女儿 | nǚ'ér | 娘 | 30 |
| 女朋友 | nǚpéngyou | ガールフレンド | 20 |
| 女生 | nǚshēng | 女子学生 | 34 |

## P

| | | | |
|---|---|---|---|
| 爬 | pá | 登る | 44 |
| 旁边 | pángbiān | そば | 34 |
| 跑 | pǎo | 走る | 50 |
| 跑上去 | pǎoshàngqu | 駆け上がって行く | 60 |
| 陪 | péi | 付き添う、お供する | 35 |
| 朋友 | péngyou | 友達 | 18 |
| 便宜 | piányi | 安い | 28 |
| 漂亮 | piàoliang | きれい | 29 |
| 啤酒 | píjiǔ | ビール | 24 |
| 瓶 | píng | ～瓶、～本 | 31 |
| 苹果 | píngguǒ | リンゴ | 30 |
| 乒乓球 | pīngpāngqiú | 卓球 | 50 |

| | | | |
|---|---|---|---|
| 平时 | píngshí | ふだん | 25 |
| 拼音 | pīnyīn | ピンイン | 54 |
| 葡萄酒 | pútaojiǔ | ワイン | 24 |

## Q

| | | | |
|---|---|---|---|
| 骑 | qí | （跨って）乗る | 41 |
| 起 | qǐ | 起き上がる | 58 |
| 钱包 | qiánbāo | 財布 | 20 |
| 前面 | qiánmian | 前の方 | 34 |
| 巧克力 | qiǎokèlì | チョコレート | 45 |
| 起床 | qǐchuáng | 起きる | 40 |
| 起飞 | qǐfēi | 離陸する | 59 |
| 请 | qǐng | どうぞ～してください | 19 |
| 请多关照 | qǐng duō guānzhào | | |
| | | どうぞよろしくお願いします | 19 |
| 旗袍 | qípáo | チャイナドレス | 44 |
| 去 | qù | 行く | 22 |
| 去年 | qùnián | 去年 | 58 |

## R

| | | | |
|---|---|---|---|
| 热 | rè | 暑い | 26 |
| 人 | rén | 人 | 18 |
| 人民币 | rénmínbì | 人民元 | 60 |
| 认识 | rènshi | 知り合う | 15 |
| 热情 | rèqíng | 心の温かい | 61 |
| 日 | rì | 日 | 30 |
| 日本人 | Rìběnrén | 日本人 | 15 |
| 日记 | rìjì | 日記 | 17 |
| 日文 | Rìwén | 日本語 | 51 |
| 日语 | Rìyǔ | 日本語 | 18 |
| 日元 | rìyuán | 日本円 | 31 |

## S

| | | | |
|---|---|---|---|
| 伞 | sǎn | 傘 | 32 |
| 散步 | sànbù | 散歩する | 29 |
| 上 | shàng | 上がる | 58 |
| 上 | shang | ～の上 | 34 |
| 上班 | shàngbān | 出勤する | 38 |
| 商店 | shāngdiàn | 店 | 24 |
| 上海 | Shànghǎi | 上海 | 43 |
| 上课 | shàngkè | 授業に出る | 40 |
| 上面 | shàngmian | 上の方 | 34 |
| 上网 | shàngwǎng | | |
| | | インターネットに接続する | 48 |

| | | | |
|---|---|---|---|
| 少 | shǎo | 少ない | 29 |
| 谁 | shéi | 誰 | 14 |
| 生日蛋糕 | shēngrì dàngāo | | |
| | | バースディケーキ | 31 |
| 生鱼片 | shēngyúpiàn | 刺身 | 44 |
| 什么 | shénme | 何 | 14 |
| 什么时候 | shénme shíhou | いつ | 38 |
| 身体 | shēntǐ | 体 | 37 |
| 是 | shì | ～である | 14 |
| 是～的 | shì ～ de | ～なのです | 58 |
| 时光 | shíguāng | 時間、年月 | 61 |
| 时间 | shíjiān | 時間 | 42 |
| 是吗 | shì ma | そうですか | 27 |
| 食堂 | shítáng | 食堂 | 22 |
| 首 | shǒu | 曲 | 51 |
| 手表 | shǒubiǎo | 腕時計 | 20 |
| 手机 | shǒujī | 携帯電話 | 20 |
| 寿司 | shòusī | 寿司 | 55 |
| 书 | shū | 本 | 18 |
| 树 | shù | 木 | 61 |
| 双 | shuāng | ～足 | 32 |
| 书包 | shūbāo | かばん（学生用） | 20 |
| 蔬菜 | shūcài | 野菜 | 28 |
| 书店 | shūdiàn | 本屋 | 24 |
| 舒服 | shūfu | 気持ちいい | 37 |
| 水 | shuǐ | 水 | 32 |
| 水果 | shuǐguǒ | 果物 | 28 |
| 睡觉 | shuìjiào | 寝る | 40 |
| 暑假 | shǔjià | 夏休み | 42 |
| 说 | shuō | 言う | 37 |
| 送 | sòng | 贈る | 61 |
| 岁 | suì | ～歳 | 30 |
| 岁数 | suìshu | 年齢 | 30 |

## T

| | | | |
|---|---|---|---|
| 他 | tā | 彼 | 14 |
| 她 | tā | 彼女 | 14 |
| 台 | tái | ～台 | 30 |
| 太～了 | tài ～ le | あまりに～すぎる | 26 |
| 他们 | tāmen | 彼ら | 14 |
| 她们 | tāmen | 彼女ら | 14 |
| 弹 | tán | 弾く | 48 |
| 特长 | tècháng | 特技 | 53 |
| 疼 | téng | 痛い | 35 |

| | | | |
|---|---|---|---|
| 踢 | tī | 蹴る、（サッカーなどを）する | 52 |
| 天 | tiān | 一日、一昼夜 | 42 |
| 天妇罗 | tiānfùluó | 天ぷら | 55 |
| 天气 | tiānqì | 天気 | 26 |
| 条 | tiáo | ～着（細長いものを数える） | 32 |
| 跳舞 | tiàowǔ | 踊る | 52 |
| 听 | tīng | 聞く | 51 |
| 听不懂 | tīngbudǒng | 聞いてわからない | 54 |
| 停车 | tíngchē | 駐車する | 48 |
| 听得懂 | tīngdedǒng | 聞いてわかる | 54 |
| 听懂 | tīngdǒng | 聞いてわかる | 54 |
| 体育馆 | tǐyùguǎn | 体育館 | 24 |
| 同学 | tóngxué | 同級生 | 18 |
| 头 | tóu | 頭 | 35 |
| 图书馆 | túshūguǎn | 図書館 | 22 |

## W

| | | | |
|---|---|---|---|
| 外国 | wàiguó | 外国 | 46 |
| 外面 | wàimian | 外の方 | 34 |
| 外语 | wàiyǔ | 外国語 | 44 |
| 完 | wán | 終わる | 54 |
| 晚饭 | wǎnfàn | 晩ご飯 | 38 |
| 忘不了 | wàngbuliǎo | 忘れられない | 61 |
| 玩儿 | wánr | 遊ぶ | 44 |
| 晚上 | wǎnshang | 夜 | 38 |
| 位 | wèi | ～名 | 30 |
| 问 | wèn | 尋ねる | 47 |
| 问题 | wèntí | 問題 | 50 |
| 我 | wǒ | 私 | 14 |
| 我们 | wǒmen | 私たち | 14 |
| 午饭 | wǔfàn | 昼ご飯 | 22 |

## X

| | | | |
|---|---|---|---|
| 下 | xià | 下がる | 58 |
| 下班 | xiàbān | 退勤する | 40 |
| 下个星期 | xiàgexīngqī | 来週 | 54 |
| 下课 | xiàkè | 授業が終わる | 33 |
| 下面 | xiàmian | 下の方 | 34 |
| 想 | xiǎng | ～したい | 46 |
| 香港 | Xiānggǎng | 香港 | 42 |
| 想家 | xiǎngjiā | ホームシックになる | 37 |
| 现金 | xiànjīn | 現金 | 60 |
| 现在 | xiànzài | 今 | 30 |
| 小 | xiǎo | 小さい | 43 |

| 笑 | xiào | 笑う | 53 |
| 小时 | xiǎoshí | 一時間 | 42 |
| 小学生 | xiǎoxuéshēng | 小学生 | 16 |
| 校园 | xiàoyuán | キャンパス | 61 |
| 夏天 | xiàtiān | 夏 | 26 |
| 下雪 | xiàxuě | 雪が降る | 46 |
| 鞋 | xié | 靴 | 32 |
| 写 | xiě | 書く | 44 |
| 写不完 | xiěbuwán | 書き終えられない | 56 |
| 写错 | xiěcuò | 書き間違える | 54 |
| 写得完 | xiědewán | 書き終えられる | 56 |
| 写完 | xiěwán | 書き終わる | 56 |
| 谢谢 | xièxie | ありがとう | 23 |
| 谢谢光临 | xièxie guānglín | ご来店ありがとうございます | 31 |
| 喜欢 | xǐhuan | 好む、好きだ | 23 |
| 西面 | xīmian | 西の方 | 34 |
| 新 | xīn | 新しい | 47 |
| 姓 | xìng | 苗字は〜という | 14 |
| 行李 | xíngli | 荷物 | 55 |
| 星期 | xīngqī | 曜日 | 30 |
| 星期日 | xīngqīrì | 日曜日 | 30 |
| 星期天 | xīngqītiān | 日曜日 | 30 |
| 信用卡 | xìnyòngkǎ | クレジットカード | 48 |
| 兄弟姐妹 | xiōngdì jiěmèi | 兄弟姉妹 | 37 |
| 熊猫 | xióngmāo | パンダ | 28 |
| 洗手间 | xǐshǒujiān | トイレ | 36 |
| 修不好 | xiūbuhǎo | 修理できない | 56 |
| 修得好 | xiūdehǎo | 修理できる | 56 |
| 修好 | xiūhǎo | 修理し終わる | 56 |
| 休息 | xiūxi | 休む | 26 |
| 吸烟 | xīyān | タバコを吸う | 46 |
| 学好 | xuéhǎo | マスターする、学び終える | 54 |
| 学生 | xuésheng | 学生 | 14 |
| 学完 | xuéwán | 学び終わる | 54 |
| 学习（＝学）xuéxí | | 学ぶ | 27 |
| 学校 | xuéxiào | 学校 | 24 |

# Y

| 要 | yào | 欲しい、必要だ | 23 |
| 要 | yào | 〜したい；〜するつもりだ；〜しなければならない | 46 |
| 药 | yào | 薬 | 60 |
| 也 | yě | 〜も | 14 |

| 爷爷 | yéye | (父方の)おじいさん | 37 |
| 一定 | yídìng | 必ず | 55 |
| 衣服 | yīfu | 服 | 32 |
| 一共 | yígòng | 全部で | 31 |
| 以后 | yǐhòu | 〜以後 | 47 |
| 已经 | yǐjing | 既に、もう | 46 |
| 一路平安 | yílù píng'ān | 道中御無事で | 59 |
| 英国 | Yīngguó | イギリス | 16 |
| 樱花 | yīnghuā | 桜 | 27 |
| 影集 | yǐngjí | 写真集 | 61 |
| 英语 | Yīngyǔ | 英語 | 46 |
| 银行 | yínháng | 銀行 | 36 |
| 饮料 | yǐnliào | 飲み物 | 33 |
| 音乐 | yīnyuè | 音楽 | 52 |
| 一起 | yìqǐ | 一緒に | 22 |
| 以前 | yǐqián | 以前 | 57 |
| 一下 | yíxià | ちょっと | 26 |
| 一言为定 | yì yán wéi dìng | 約束です | 59 |
| 医院 | yīyuàn | 病院 | 35 |
| 椅子 | yǐzi | 椅子 | 19 |
| 用 | yòng | 使う、〜で | 48 |
| 有 | yǒu | ある、いる | 34 |
| 有意思 | yǒu yìsi | 面白い | 27 |
| 又〜又〜 | yòu〜yòu〜 | 〜だし〜だ | 41 |
| 有点儿 | yǒudiǎnr | ちょっと | 26 |
| 邮局 | yóujú | 郵便局 | 34 |
| 右面 | yòumian | 右の方 | 34 |
| 游戏 | yóuxì | ゲーム | 44 |
| 游泳 | yóuyǒng | 泳ぐ | 48 |
| 元 | yuán | 人民元の単位、元 | 30 |
| 远 | yuǎn | 遠い | 28 |
| 月 | yuè | 月 | 30 |
| 约会 | yuēhuì | デート | 41 |
| 越来越〜 | yuè lái yuè〜 | だんだん〜になる | 57 |
| 运动 | yùndòng | 運動する | 52 |

# Z

| 再 | zài | さらに、ほかに | 31 |
| 再 | zài | また、再び | 57 |
| 在 | zài | ある、いる | 34 |
| 在 | zài | 〜で | 38 |
| 在 | zài | 〜している | 46 |
| 咱们 | zánmen | 私たち | 14 |
| 早饭 | zǎofàn | 朝ご飯 | 22 |

| 杂志 | zázhì | 雑誌 | 32 |
|---|---|---|---|
| 怎么 | zěnme | どのように | 38 |
| 怎么了 | zěnme le | どうしたの | 35 |
| 怎么样 | zěnmeyàng | どう | 26 |
| 张 | zhāng | 〜枚 | 32 |
| 找 | zhǎo | おつりを返す | 31 |
| 照 | zhào | 写す、撮影する | 61 |
| 照片 | zhàopiàn | 写真 | 55 |
| 照相 | zhàoxiàng | 写真を撮る | 48 |
| 照相机 | zhàoxiàngjī | カメラ | 38 |
| 这 | zhè, zhèi | これ | 18 |
| 这个 | zhège, zhèige | これ | 18 |
| 这里 | zhèli | ここ | 34 |
| 真 | zhēn | 本当である | 43 |
| 真 | zhēn | 本当に | 51 |
| 这儿 | zhèr | ここ | 34 |
| 这些 | zhèxiē, zhèixiē | これら | 18 |
| 支 | zhī | 〜本 | 30 |
| 只 | zhī | 匹 | 32 |
| 知道 | zhīdao | 知る、心得る | 47 |
| 中午 | zhōngwǔ | 昼 | 25 |
| 中国 | Zhōngguó | 中国 | 16 |
| 中国人 | Zhōngguórén | 中国人 | 14 |
| 中文 | Zhōngwén | 中国語 | 51 |
| 中学生 | zhōngxuéshēng | 中学生 | 16 |
| 周六 | zhōuliù | 土曜日 | 53 |
| 周末 | zhōumò | 週末 | 51 |
| 祝 | zhù | 祝う | 33 |
| 准备 | zhǔnbèi | 準備する | 55 |
| 桌子 | zhuōzi | 机 | 19 |
| 自行车 | zìxíngchē | 自転車 | 41 |
| 走 | zǒu | 歩く | 58 |
| 最 | zuì | 最も | 29 |
| 最近 | zuìjìn | 最近 | 27 |
| 坐 | zuò | 座る | 19 |
| 坐 | zuò | （座って）乗る | 38 |
| 做 | zuò | 作る、する | 38 |
| 左面 | zuǒmian | 左の方 | 34 |
| 昨天 | zuótiān | 昨日 | 26 |
| 作业 | zuòyè | 宿題 | 44 |
| 足球 | zúqiú | サッカー | 52 |

# 単語帳

## 名词 míngcí

### 1. 親族　亲属　qīnshǔ

| 父方の祖父 | 爷爷 | yéye |
|---|---|---|
| 父方の祖母 | 奶奶 | nǎinai |
| 母方の祖父 | 老爷 | lǎoye |
| 母方の祖母 | 姥姥 | lǎolao |
| 父 | 爸爸 | bàba |
| 母 | 妈妈 | māma |
| 伯父（父の兄） | 伯父 | bófù |
| 叔父（父の弟） | 叔叔 | shūshu |
| 叔母（父の姉妹） | 姑姑 | gūgu |
| 叔父（母の兄弟） | 舅舅 | jiùjiu |
| 叔母（母の姉妹） | 阿姨 | āyí |
| 兄 | 哥哥 | gēge |
| 姉 | 姐姐 | jiějie |
| 弟 | 弟弟 | dìdi |
| 妹 | 妹妹 | mèimei |
| 夫 | 丈夫 | zhàngfu |
| 妻 | 妻子 | qīzi |
| 息子 | 儿子 | érzi |
| 娘 | 女儿 | nǚ'ér |
| 孫息子 | 孙子 | sūnzi |
| 孫娘 | 孙女 | sūnnǚ |

### 2. 職業　职业　zhíyè

| 医者 | 医生 | yīshēng |
|---|---|---|
| 看護師 | 护士 | hùshi |
| 会社員 | 公司职员 | gōngsī zhíyuán |
| 教師、先生 | 老师 | lǎoshī |
| 弁護士 | 律师 | lǜshì |
| 調理師、コック | 厨师 | chúshī |
| 美容師 | 美发师 | měifàshī |
| 運転手 | 司机 | sījī |
| 店員 | 店员 | diànyuán |

| 接客係、ホールスタッフ | 服务员 | fúwùyuán |
|---|---|---|
| 秘書 | 秘书 | mìshū |
| 公務員 | 公务员 | gōngwùyuán |
| 警察 | 警察 | jǐngchá |
| 外交官 | 外交官 | wàijiāoguān |
| 歌手 | 歌手 | gēshǒu |
| 俳優、女優 | 演员 | yǎnyuán |
| 映画監督 | 导演 | dǎoyǎn |
| モデル | 模特儿 | mótèr |
| スポーツ選手 | 运动员 | yùndòngyuán |
| 記者 | 记者 | jìzhě |
| 作家 | 作家 | zuòjiā |
| 画家 | 画家 | huàjiā |
| 通訳 | 翻译 | fānyì |
| ガイド | 导游 | dǎoyóu |

### 3. 食べ物、飲み物　食物、饮料　shíwù、yǐnliào

| 中国料理 | 中餐 | Zhōngcān |
|---|---|---|
| 餃子 | 饺子 | jiǎozi |
| 肉まん | 包子 | bāozi |
| 小籠包 | 小笼包 | xiǎolóngbāo |
| 中華式蒸しパン | 馒头 | mántou |
| チャーハン | 炒饭 | chǎofàn |
| おかゆ | 粥 | zhōu |
| 北京ダック | 北京烤鸭 | Běijīng kǎoyā |
| チンジャオロース | 青椒肉丝 | qīngjiāo ròusī |
| マーボー豆腐 | 麻婆豆腐 | mápó dòufu |
| ジャージャン麺 | 炸酱面 | zhájiàngmiàn |
| ホイコウロウ | 回锅肉 | huíguōròu |
| 羊肉の串焼き | 羊肉串 | yángròuchuàn |
| 和食 | 日本料理 | Rìběn liàolǐ |
| ご飯 | 米饭 | mǐfàn |
| ラーメン | 拉面 | lāmiàn |

| | | | | | |
|---|---|---|---|---|---|
| 刺身 | 生鱼片 | shēngyúpiàn | コーラ | 可乐 | kělè |
| 寿司 | 寿司 | shòusī | 牛乳 | 牛奶 | niúnǎi |
| 天ぷら | 天妇罗 | tiānfùluó | ヨーグルト | 酸奶 | suānnǎi |
| カレーライス | 咖喱饭 | gālífàn | ビール | 啤酒 | píjiǔ |
| 洋食 | 西餐 | xīcān | ワイン | 葡萄酒 | pútaojiǔ |
| パン | 面包 | miànbāo | 日本酒 | 日本清酒 | Rìběn qīngjiǔ |
| スパゲティ | 意大利面 | yìdàlìmiàn | ウィスキー | 威士忌（酒） | wēishìjì(jiǔ) |
| ステーキ | 牛排 | niúpái | バイキング | 自助餐 | zìzhùcān |
| サンドイッチ | 三明治 | sānmíngzhì | 定食、セット | 套餐 | tàocān |

| 4. 食器 | 餐具 | cānjù |
|---|---|---|
| 皿 | 盘子 | pánzi |
| 小皿 | 碟子 | diézi |
| 茶碗 | 碗 | wǎn |
| コップ、湯飲み | 杯子 | bēizi |
| 急須 | 茶壶 | cháhú |
| 箸 | 筷子 | kuàizi |
| スプーン | 勺子 | sháozi |
| フォーク | 叉子 | chāzi |
| ナイフ | 刀子 | dāozi |
| 保温ボトル | 保温杯 | bǎowēnbēi |
| ナプキン | 餐巾纸 | cānjīnzhǐ |

| ハンバーガー | 汉堡包 | hànbǎobāo |
|---|---|---|
| ピザ | 比萨饼 | bǐsàbǐng |
| サラダ | 沙拉 | shālā |
| 焼肉 | 烤肉 | kǎoròu |
| スープ | 汤 | tāng |
| 菓子 | 糕点 | gāodiǎn |
| ケーキ | 蛋糕 | dàngāo |
| クッキー | 饼干 | bǐnggān |
| アイスクリーム | 冰淇淋 | bīngqílín |
| 果物 | 水果 | shuǐguǒ |
| リンゴ | 苹果 | píngguǒ |
| イチゴ | 草莓 | cǎoméi |
| ミカン | 橘子 | júzi |
| ブドウ | 葡萄 | pútao |
| 桃 | 桃 | táo |
| サクランボ | 樱桃 | yīngtáo |
| 梨 | 梨 | lí |
| スイカ | 西瓜 | xīguā |
| メロン | 蜜瓜 | mìguā |
| バナナ | 香蕉 | xiāngjiāo |
| レモン | 柠檬 | níngméng |
| パイナップル | 波罗 | bōluó |
| キウイ | 猕猴桃 | míhóutáo |
| コーヒー | 咖啡 | kāfēi |
| 紅茶 | 红茶 | hóngchá |
| ウーロン茶 | 乌龙茶 | wūlóngchá |
| 緑茶 | 绿茶 | lǜchá |
| ミネラルウォーター | 矿泉水 | kuàngquánshuǐ |
| ジュース | 果汁 | guǒzhī |

| 5. 衣類 | 服饰 | fúshì |
|---|---|---|
| コート、オーバー | 大衣 | dàyī |
| セーター | 毛衣 | máoyī |
| シャツ、ワイシャツ | 衬衫 | chènshān |
| Tシャツ | T恤 | T-xù |
| スカート | 裙子 | qúnzi |
| ズボン | 裤子 | kùzi |
| ジーンズ | 牛仔裤 | niúzǎikù |
| スーツ | 西装 | xīzhuāng |
| ワンピース | 连衣裙 | liányīqún |
| 制服 | 制服 | zhìfú |
| ネクタイ | 领带 | lǐngdài |
| ベルト | 皮带 | pídài |
| 下着 | 内衣 | nèiyī |
| パジャマ | 睡衣 | shuìyī |

71

| 靴下 | 袜子 | wàzi |
|---|---|---|
| 手袋 | 手套 | shǒutào |
| 帽子 | 帽子 | màozi |
| スカーフ | 围巾 | wéijīn |
| 靴 | 鞋 | xié |
| スリッパ | 拖鞋 | tuōxié |

## 6. 日用品 　日用品　rìyòngpǐn

| 石鹸 | 肥皂 | féizào |
|---|---|---|
| シャンプー | 洗发液 | xǐfàyè |
| リンス | 护发素 | hùfàsù |
| 櫛 | 梳子 | shūzi |
| 髭剃り | 刮胡刀 | guāhúdāo |
| 歯ブラシ | 牙刷 | yáshuā |
| 歯磨き粉 | 牙膏 | yágāo |
| タオル | 毛巾 | máojīn |
| トイレットペーパー | 卫生纸 | wèishēngzhǐ |
| ハサミ | 剪刀 | jiǎndāo |
| ライター | 打火机 | dǎhuǒjī |
| 灰皿 | 烟灰缸 | yānhuīgāng |

## 7. 家具 　家具　jiājù

| 机 | 桌子 | zhuōzi |
|---|---|---|
| 椅子 | 椅子 | yǐzi |
| ベッド | 床 | chuáng |
| ソファー | 沙发 | shāfā |
| 本棚 | 书架 | shūjià |
| 洋服箪笥 | 衣柜 | yīguì |

## 8. 家電 　家电　jiādiàn

| 冷蔵庫 | 冰箱 | bīngxiāng |
|---|---|---|
| 電子レンジ | 微波炉 | wēibōlú |
| 炊飯器 | 电饭锅 | diànfànguō |
| 洗濯機 | 洗衣机 | xǐyījī |
| アイロン | 熨斗 | yùndǒu |
| 掃除機 | 吸尘器 | xīchénqì |
| エアコン | 空调 | kōngtiáo |
| ストーブ | 火炉 | huǒlú |

| テレビ | 电视机 | diànshìjī |
|---|---|---|
| ラジオ | 收音机 | shōuyīnjī |
| カメラ | 照相机 | zhàoxiàngjī |
| 電話 | 电话 | diànhuà |

## 9. パソコン 　电脑　diànnǎo

| ハードディスク | 硬盘 | yìngpán |
|---|---|---|
| ソフトウェア | 软件 | ruǎnjiàn |
| アプリ | 应用软件 | yìngyòng ruǎnjiàn |
| USB | U 盘 | Upán |
| ファイル | 文件夹 | wénjiànjiā |
| 添付ファイル | 附件 | fùjiàn |
| インターネットをする | 上网 | shàngwǎng |
| 送信する | 发送 | fāsòng |
| 受信する | 接收 | jiēshōu |
| 保存 | 保存 | bǎocún |
| コピー | 复制 | fùzhì |
| 貼り付け | 粘贴 | zhāntiē |
| アップロード | 上传 | shàngchuán |
| ダウンロード | 下载 | xiàzǎi |
| キーボード | 键盘 | jiànpán |
| マウス | 鼠标 | shǔbiāo |
| プリンター | 打印机 | dǎyìnjī |
| 端末機器 | 终端机 | zhōngduānjī |
| インターネット | 网络 | wǎngluò |
| ウェブサイト | 网站 | wǎngzhàn |
| ウェブページ | 网页 | wǎngyè |
| ブログ | 博客 | bókè |
| ネットショッピング | 网购 | wǎnggòu |
| メール | 电子邮件 | diànzǐ yóujiàn |
| 動画 | 视频 | shìpín |
| ウィルス | 病毒 | bìngdú |

## 10. 施設 　设施　shèshī

| 駅 | 车站 | chēzhàn |
|---|---|---|
| ホテル | 酒店 | jiǔdiàn |
| 病院 | 医院 | yīyuàn |

| | | | | | | |
|---|---|---|---|---|---|---|
| 銀行 | 银行 | yínháng | | 科目 | 科目 | kēmù |
| 郵便局 | 邮局 | yóujú | | 学期 | 学期 | xuéqī |
| デパート | 百货商店 | bǎihuò shāngdiàn | | 宿題 | 作业 | zuòyè |
| スーパー | 超市 | chāoshì | | レポート | 报告 | bàogào |
| コンビニ | 便利店 | biànlìdiàn | | 論文 | 论文 | lùnwén |
| 本屋 | 书店 | shūdiàn | | 試験 | 考试 | kǎoshì |
| レストラン | 餐厅 | cāntīng | | 単位 | 学分 | xuéfēn |
| ファースト<br>フード店 | 快餐店 | kuàicāndiàn | | 課外活動 | 课外活动 | kèwài huódòng |
| 喫茶店 | 咖啡厅 | kāfēitīng | | サークル | 社团 | shètuán |
| 美容院 | 美容院 | měiróngyuàn | | 留学 | 留学 | liúxué |
| 映画館 | 电影院 | diànyǐngyuàn | | 卒業 | 毕业 | bìyè |
| 図書館 | 图书馆 | túshūguān | | | | |

| 博物館 | 博物馆 | bówùguǎn |
| 美術館 | 美术馆 | měishùguǎn |
| 公園 | 公园 | gōngyuán |

## 11. 学校　　　学校　　　xuéxiào

| 教育 | 教育 | jiàoyù |
|---|---|---|
| 幼稚園 | 幼儿园 | yòu'éryuán |
| 小学校 | 小学 | xiǎoxué |
| 中学校 | 初中 | chūzhōng |
| 高校 | 高中 | gāozhōng |
| 大学 | 大学 | dàxué |
| 大学院 | 研究生院 | yánjiūshēngyuàn |
| 学士 | 学士 | xuéshì |
| 修士 | 硕士 | shuòshì |
| 博士 | 博士 | bóshì |
| 塾 | 补习班 | bǔxíbān |
| キャンパス | 校园 | xiàoyuán |
| グラウンド | 操场 | cāochǎng |
| 校門 | 校门 | xiàomén |
| 教室 | 教室 | jiàoshì |
| 講堂 | 礼堂 | lǐtáng |
| 事務室 | 办公室 | bàngōngshì |
| 廊下 | 走廊 | zǒuláng |
| 黒板 | 黑板 | hēibǎn |
| クラス | 班 | bān |
| 学年、〜年生 | 年级 | niánjí |

## 12. スポーツ　　体育运动　　tǐyù yùndòng

| 野球 | 棒球 | bàngqiú |
|---|---|---|
| バスケットボール | 篮球 | lánqiú |
| ラグビー | 橄榄球 | gǎnlǎnqiú |
| バレーボール | 排球 | páiqiú |
| テニス | 网球 | wǎngqiú |
| バドミントン | 羽毛球 | yǔmáoqiú |
| 卓球 | 乒乓球 | pīngpāngqiú |
| ゴルフ | 高尔夫（球） | gāo'ěrfū(qiú) |
| ボーリング | 保龄球 | bǎolíngqiú |
| 太極拳 | 太极拳 | tàijíquán |
| サッカー | 足球 | zúqiú |
| マラソン | 马拉松 | mǎlāsōng |
| ジョギング | 跑步 | pǎobù |
| 水泳 | 游泳 | yóuyǒng |
| スキー | 滑雪 | huáxuě |
| スケート | 滑冰 | huábīng |

## 13. 交通　　　交通　　　jiāotōng

| 飛行機 | 飞机 | fēijī |
|---|---|---|
| 船 | 船 | chuán |
| 汽車 | 火车 | huǒchē |
| 新幹線 | 新干线 | Xīngànxiàn |
| 電車 | 电车 | diànchē |
| バス | 公交车 | gōngjiāochē |
| 地下鉄 | 地铁 | dìtiě |
| タクシー | 出租车 | chūzūchē |

| | | |
|---|---|---|
| 自転車 | 自行车 | zìxíngchē |
| オートバイ | 摩托车 | mótuōchē |
| 信号 | 红绿灯 | hónglǜdēng |
| 交差点 | 十字路口 | shízìlùkǒu |
| 高速道路 | 高速公路 | gāosùgōnglù |
| 駐車場 | 停车场 | tíngchēchǎng |
| 改札 | 检票口 | jiǎnpiàokǒu |

## 14. 空港　机场　jīchǎng

| | | |
|---|---|---|
| エアターミナル | 航站楼 | hángzhànlóu |
| 旅客 | 旅客 | lǚkè |
| カート | 手推车 | shǒutuīchē |
| 空港リムジンバス | 机场巴士 | jīchǎng bāshì |
| フライト | 航班 | hángbān |
| 搭乗手続き | 登机手续 | dēngjī shǒuxù |
| 航空券 | 机票 | jīpiào |
| 搭乗券 | 登机牌 | dēngjīpái |
| パスポート | 护照 | hùzhào |
| ビザ | 签证 | qiānzhèng |
| セキュリティーチェック | 安全检查 | ānquán jiǎnchá |
| 搭乗口 | 登机口 | dēngjīkǒu |
| 税関 | 海关 | hǎiguān |
| 出入国 | 出入境 | chūrùjìng |
| 預かり荷物 | 寄存行李 | jìcún xíngli |
| 手荷物 | 随身行李 | suíshēn xíngli |
| 荷物タグ | 行李吊牌 | xíngli diàopái |

## 15. 身体　身体　shēntǐ

| | | |
|---|---|---|
| 顔 | 脸 | liǎn |
| 頭 | 头 | tóu |
| 髪 | 头发 | tóufa |
| 目 | 眼睛 | yǎnjing |
| 鼻 | 鼻子 | bízi |
| 口 | 嘴巴 | zuǐbā |
| 耳 | 耳朵 | ěrduo |
| 歯 | 牙齿 | yáchǐ |
| 首 | 脖子 | bózi |
| 肩 | 肩膀 | jiānbǎng |

| | | |
|---|---|---|
| 腕 | 胳膊 | gēbo |
| 手 | 手 | shǒu |
| 手の指 | 手指 | shǒuzhǐ |
| 親指 | 拇指 | mǔzhǐ |
| 人差し指 | 食指 | shízhǐ |
| 中指 | 中指 | zhōngzhǐ |
| 薬指 | 无名指 | wúmíngzhǐ |
| 小指 | 小指 | xiǎozhǐ |
| 胸 | 胸 | xiōng |
| 腰 | 腰 | yāo |
| お腹 | 肚子 | dùzi |
| 背中 | 后背 | hòubèi |
| お尻 | 屁股 | pìgu |
| 脚 | 腿 | tuǐ |
| 足 ( 靴を履く部分) | 脚 | jiǎo |

## 16. 時間　时间　shíjiān

| | | |
|---|---|---|
| 一月 | 一月 | yīyuè |
| 二月 | 二月 | èryuè |
| 三月 | 三月 | sānyuè |
| 四月 | 四月 | sìyuè |
| 五月 | 五月 | wǔyuè |
| 六月 | 六月 | liùyuè |
| 七月 | 七月 | qīyuè |
| 八月 | 八月 | bāyuè |
| 九月 | 九月 | jiǔyuè |
| 十月 | 十月 | shíyuè |
| 十一月 | 十一月 | shíyīyuè |
| 十二月 | 十二月 | shí ' èr yuè |
| 何月 | 几月 | jǐyuè |
| 一日 | 一号 | yī hào |
| 二日 | 二号 | èr hào |
| 三日 | 三号 | sān hào |
| 三十一日 | 三十一号 | sānshiyī hào |
| 何日 | 几号 | jǐ hào |
| 月曜日 | 星期一 | xīngqīyī |
| 火曜日 | 星期二 | xīngqī ' èr |
| 水曜日 | 星期三 | xīngqīsān |
| 木曜日 | 星期四 | xīngqīsì |

| | | | | | |
|---|---|---|---|---|---|
| 金曜日 | 星期五 | xīngqīwǔ | 九州 | 九州 | Jiǔzhōu |
| 土曜日 | 星期六 | xīngqīliù | 四国 | 四国 | Sìguó |
| 日曜日 | 星期天 | xīngqītiān | 沖縄 | 冲绳 | Chōngshéng |
| | 星期日 | xīngqīrì | 札幌 | 札幌 | Zháhuǎng |
| 何曜日 | 星期几 | xīngqījǐ | 東京 | 东京 | Dōngjīng |
| おととし | 前年 | qiánnián | 横浜 | 横滨 | Héngbīn |
| 去年 | 去年 | qùnián | 名古屋 | 名古屋 | Mínggǔwū |
| 今年 | 今年 | jīnnián | 大阪 | 大阪 | Dàbǎn |
| 来年 | 明年 | míngnián | 京都 | 京都 | Jīngdū |
| 再来年 | 后年 | hòunián | 神戸 | 神户 | Shénhù |
| 先月 | 上个月 | shàng ge yuè | 広島 | 广岛 | Guǎngdǎo |
| 今月 | 这个月 | zhè ge yuè | 福岡 | 福冈 | Fúgāng |
| 来月 | 下个月 | xià ge yuè | 北京市 | 北京市 | Běijīng Shì |
| 先週 | 上个星期 | shàng ge xīngqī | 上海市 | 上海市 | Shànghǎi Shì |
| 今週 | 这个星期 | zhè ge xīngqī | 天津市 | 天津市 | Tiānjīn Shì |
| 来週 | 下个星期 | xià ge xīngqī | 重慶市 | 重庆市 | Chóngqìng Shì |
| 一昨日 | 前天 | qiántiān | 河北省 | 河北省 | Héběi Shěng |
| 昨日 | 昨天 | zuótiān | 山西省 | 山西省 | Shānxī Shěng |
| 今日 | 今天 | jīntiān | 遼寧省 | 辽宁省 | Liáoníng Shěng |
| 明日 | 明天 | míngtiān | 吉林省 | 吉林省 | Jílín Shěng |
| 明後日 | 后天 | hòutiān | 黒竜江省 | 黑龙江省 | Hēilóngjiāng Shěng |
| 朝 | 早上 | zǎoshang | 江蘇省 | 江苏省 | Jiāngsū Shěng |
| 午前 | 上午 | shàngwǔ | 浙江省 | 浙江省 | Zhèjiāng Shěng |
| 昼 | 中午 | zhōngwǔ | 安徽省 | 安徽省 | Ānhuī Shěng |
| 午後 | 下午 | xiàwǔ | 福建省 | 福建省 | Fújiàn Shěng |
| 夜 | 晚上 | wǎnshang | 江西省 | 江西省 | Jiāngxī Shěng |
| 夜中 | 半夜 | bànyè | 山東省 | 山东省 | Shāndōng Shěng |
| ～時 | ～点 | diǎn | 河南省 | 河南省 | Hénán Shěng |
| ～分 | ～分 | fēn | 湖北省 | 湖北省 | Húběi Shěng |
| ～秒 | ～秒 | miǎo | 湖南省 | 湖南省 | Húnán Shěng |
| 季節 | 季节 | jìjié | 広東省 | 广东省 | Guǎngdōng Shěng |
| 春 | 春天 | chūntiān | 海南省 | 海南省 | Hǎinán Shěng |
| 夏 | 夏天 | xiàtiān | 四川省 | 四川省 | Sìchuān Shěng |
| 秋 | 秋天 | qiūtiān | 貴州省 | 贵州省 | Guìzhōu Shěng |
| 冬 | 冬天 | dōngtiān | 雲南省 | 云南省 | Yúnnán Shěng |
| | | | 陝西省 | 陕西省 | Shǎnxī Shěng |

| **17. 地名** | **地名** | **dìmíng** | 甘粛省 | 甘肃省 | Gānsù Shěng |
|---|---|---|---|---|---|
| 北海道 | 北海道 | Běihǎidào | 青海省 | 青海省 | Qīnghǎi Shěng |
| 本州 | 本州 | Běnzhōu | | | |

| | | |
|---|---|---|
| 内蒙古自治区 | 内蒙古<br>自治区 | Nèi-Měnggǔ<br>Zìzhìqū |
| 広西チワン自治区 | 广西壮族<br>自治区 | Guǎngxī Zhuàngzú<br>Zìzhìqū |
| チベット自治区 | 西藏自治区 | Xīzàng Zìzhìqū |
| 寧夏回族自治区 | 宁夏回族<br>自治区 | Níngxià Huízú<br>Zìzhìqū |
| 新疆ウィグル<br>自治区 | 新疆维吾尔<br>自治区 | Xīnjiāng Wéiwú'ěr<br>Zìzhìqū |
| 香港 | 香港 | Xiānggǎng |
| マカオ | 澳门 | Àomén |
| 台湾 | 台湾 | Táiwān |

## 动词 dòngcí

| | | |
|---|---|---|
| 行く | 去 | qù |
| 来る | 来 | lái |
| 帰る | 回 | huí |
| 待つ | 等 | děng |
| 運転する | 开车 | kāichē |
| (車に) 乗る | 坐 | zuò |
| (自転車に) 乗る | 骑 | qí |
| 言う | 说 | shuō |
| 聞く | 听 | tīng |
| 書く | 写 | xiě |
| 見る | 看 | kàn |
| 読む | 看 | kàn |
| | 读 | dú |
| (声を出して) 読む | 念 | niàn |
| 訳す | 翻译 | fānyì |
| 買う | 买 | mǎi |
| 売る | 卖 | mài |
| 食べる | 吃 | chī |
| 飲む | 喝 | hē |
| 起きる | 起床 | qǐchuáng |
| 寝る | 睡觉 | shuìjiào |
| 着る、履く | 穿 | chuān |
| 掃除する | 打扫 | dǎsǎo |

| | | |
|---|---|---|
| 洗う | 洗 | xǐ |
| 作る、する | 做 | zuò |
| 学ぶ | 学习 | xuéxí |
| 仕事する | 工作 | gōngzuò |
| アルバイトする | 打工 | dǎgōng |
| 休む | 休息 | xiūxi |
| 遊ぶ | 玩儿 | wánr |
| 旅行する | 旅游 | lǚyóu |
| 予約する | 预订 | yùdìng |
| 知り合う | 认识 | rènshi |
| 知る、心得る | 知道 | zhīdao |
| わかる | 明白 | míngbai |
| | 懂 | dǒng |
| 授業に出る | 上课 | shàngkè |
| 授業が終わる | 下课 | xiàkè |
| 登校する | 上学 | shàngxué |
| 下校する | 放学 | fàngxué |
| 出勤する | 上班 | shàngbān |
| 退勤する | 下班 | xiàbān |
| 残業する | 加班 | jiābān |
| 与える、あげる | 给 | gěi |
| プレゼントする | 送 | sòng |
| ご馳走する | 请客 | qǐngkè |

## 形容词 xíngróngcí

| | | |
|---|---|---|
| 大きい | 大 | dà |
| 小さい | 小 | xiǎo |
| 多い | 多 | duō |
| 少ない | 少 | shǎo |
| 長い | 长 | cháng |
| 短い | 短 | duǎn |
| 高い | 高 | gāo |
| 低い | 低 | dī |
| (背が) 低い | 矮 | ǎi |
| 遠い | 远 | yuǎn |
| 近い | 近 | jìn |
| (値段が) 高い | 贵 | guì |
| 安い | 便宜 | piányi |

| | | | | | | |
|---|---|---|---|---|---|---|
| 重い | 重 | zhòng | | 苦い | 苦 | kǔ |
| 軽い | 轻 | qīng | | 辛い | 辣 | là |
| 太い | 粗 | cū | | 塩辛い | 咸 | xián |
| 細い | 细 | xì | | | | |
| 厚い | 厚 | hòu | | | | |
| 薄い | 薄 | báo | | | | |
| 広い | 宽 | kuān | | | | |
| 狭い | 窄 | zhǎi | | | | |
| 深い | 深 | shēn | | | | |
| 浅い | 浅 | qiǎn | | | | |
| 暑い | 热 | rè | | | | |
| 寒い | 冷 | lěng | | | | |
| 暖かい | 暖和 | nuǎnhuo | | | | |
| 涼しい | 凉快 | liángkuai | | | | |
| 速い | 快 | kuài | | | | |
| 遅い | 慢 | màn | | | | |
| 早い | 早 | zǎo | | | | |
| 晩い | 晚 | wǎn | | | | |
| 新しい | 新 | xīn | | | | |
| 古い | 旧 | jiù | | | | |
| 良い | 好 | hǎo | | | | |
| 悪い | 坏 | huài | | | | |
| 難しい | 难 | nán | | | | |
| 易しい | 容易 | róngyi | | | | |
| 面白い | 有意思 | yǒuyìsi | | | | |
| つまらない | 没意思 | méiyìsi | | | | |
| 楽しい | 开心 | kāixīn | | | | |
| 嬉しい | 高兴 | gāoxìng | | | | |
| 悲しい | 难过 | nánguò | | | | |
| 清潔だ | 干净 | gānjìng | | | | |
| 汚い | 脏 | zāng | | | | |
| きれい | 漂亮 | piàoliang | | | | |
| 醜い | 丑 | chǒu | | | | |
| 太っている | 胖 | pàng | | | | |
| 痩せている | 瘦 | shòu | | | | |
| （食べて）美味しい | 好吃 | hǎochī | | | | |
| （飲んで）美味しい | 好喝 | hǎohē | | | | |
| 酸っぱい | 酸 | suān | | | | |
| 甘い | 甜 | tián | | | | |

# 量詞一覧

## 個体量詞

| | | | |
|---|---|---|---|
| 把 | bǎ | 握りのある物 | 椅子（椅子）、雨伞（雨傘）、刀（ナイフ） |
| 本 | běn | 書物など | 书（本）、杂志（雑誌）、课本（教科書） |
| 封 | fēng | 封をする物 | 信（手紙）、电报（電報） |
| 个 | ge | 個体 | 人（人）、苹果（リンゴ）、问题（問題） |
| 家 | jiā | 家、店、会社など | 公司（会社）、商店（店）、银行（銀行） |
| 架 | jià | 機械など組み立てられた物 | 飞机（飛行機）、照相机（カメラ）、钢琴（ピアノ） |
| 件 | jiàn | 服、荷物、事柄など | 衣服（服）、事（事柄）、行李（荷物） |
| 节 | jié | 区切られる物 | 课（授業）、车厢（車両） |
| 棵 | kē | 木や株など | 树（木）、白菜（白菜） |
| 口 | kǒu | 人数、人口、家畜 | 人（人）、猪（豚） |
| 块 | kuài | かたまり状の物 | 石头（石）、手表（腕時計）、蛋糕（ケーキ） |
| 辆 | liàng | 車、乗り物 | 汽车（自動車）、自行车（自転車） |
| 篇 | piān | 論文や文章 | 文章（文章）、论文（論文） |
| 片 | piàn | 薄く平らな物 | 面包（パン）、饼干（クッキー） |
| 台 | tái | 機械 | 电脑（コンピュータ）、电视机（テレビ） |
| 条 | tiáo | 細長い物 | 裤子（ズボン）、鱼（魚）、河（川） |
| 位 | wèi | 人を尊敬して言う | 客人（お客さん）、老师（先生） |
| 张 | zhāng | 平面の目立つ物 | 票（チケット）、照片（写真）、桌子（机） |
| 只 | zhī | 小動物 | 狗（犬）、猫（猫）、鸡（鶏） |
| 支 | zhī | 細い棒状の物 | 铅笔（鉛筆）、香烟（タバコ）、枪（銃） |
| 种 | zhǒng | 生き物、事物の分類・種類 | 动物（動物）、蔬菜（野菜）、情况（情況） |
| 座 | zuò | どっしりしたもの | 山（山）、大楼（ビル） |

## 集合量詞

| | | | |
|---|---|---|---|
| 打 | dá | ダース | 铅笔（鉛筆）、啤酒（ビール） |
| 对 | duì | ２つで１組になっているも物 | 夫妻（夫婦） |
| 份 | fèn | 組や揃いになっている物 | 快餐（ファーストフード）、报纸（新聞） |
| 副 | fù | セットや組になっている物 | 眼镜（眼鏡）、耳环（イヤリング） |
| 批 | pī | まとまった数の人や物 | 学生（集合体としての学生）、货（貨物） |
| 双 | shuāng | 対の物 | 鞋（靴）、手套（手袋）、筷子（箸） |
| 套 | tào | セット、一式 | 西装（スーツ）、家具（家具） |

著者略歴 ∞∞∞∞∞∞∞∞∞∞∞∞∞∞∞∞∞∞∞∞∞∞∞∞∞∞∞∞∞

**云 肖梅**
北海道大学、北海学園大学他非常勤講師。

**森若裕子**
藤女子大学非常勤講師。全国通訳案内士。NPO法人北海道通訳案内士協会副理事長。

[初級中国語] **校园故事**
キャンパス物語

2021年4月3日　初版第1刷発行

著　　　者　云 肖梅／森若裕子

発 行 者　森　信久
発 行 所　**株式会社　松 柏 社**
　　　　　　　〒102-0072　東京都千代田区飯田橋1-6-1
　　　　　　　TEL 03 (3230) 4813（代表）
　　　　　　　FAX 03 (3230) 4857
　　　　　　　http://www.shohakusha.com
　　　　　　　e-mail: info@shohakusha.com

装　　　幀　　小島トシノブ（NONdesign）
レイアウト組版　　後藤尚美
印刷・製本　　日経印刷株式会社

ISBN978-4-88198-763-6
略号 = 763
Copyright © 2021 by Yun Xiaomei and Hiroko Moriwaka

# 中国語音節表

| 母音／子音 | a | o | e | -i | -i | er | ai | ei | ao | ou | an | en | ang | eng | ong | i | ia | ie | iao | iou (iu) |
|---|---|---|---|---|---|---|---|---|---|---|---|---|---|---|---|---|---|---|---|---|
| 母音のみ表記 | a | o | e | | | er | ai | ei | ao | ou | an | en | ang | eng | | yi | ya | ye | yao | you |
| b | ba | bo | | | | | bai | bei | bao | | ban | ben | bang | beng | | bi | | bie | biao | |
| p | pa | po | | | | | pai | pei | pao | pou | pan | pen | pang | peng | | pi | | pie | piao | |
| m | ma | mo | me | | | | mai | mei | mao | mou | man | men | mang | meng | | mi | | mie | miao | miu |
| f | fa | fo | | | | | | fei | | fou | fan | fen | fang | feng | | | | | | |
| d | da | | de | | | | dai | dei | dao | dou | dan | den | dang | deng | dong | di | dia | die | diao | diu |
| t | ta | | te | | | | tai | | tao | tou | tan | | tang | teng | tong | ti | | tie | tiao | |
| n | na | | ne | | | | nai | nei | nao | nou | nan | nen | nang | neng | nong | ni | | nie | niao | niu |
| l | la | lo | le | | | | lai | lei | lao | lou | lan | | lang | leng | long | li | lia | lie | liao | liu |
| g | ga | | ge | | | | gai | gei | gao | gou | gan | gen | gang | geng | gong | | | | | |
| k | ka | | ke | | | | kai | kei | kao | kou | kan | ken | kang | keng | kong | | | | | |
| h | ha | | he | | | | hai | hei | hao | hou | han | hen | hang | heng | hong | | | | | |
| j | | | | | | | | | | | | | | | | ji | jia | jie | jiao | jiu |
| q | | | | | | | | | | | | | | | | qi | qia | qie | qlao | qiu |
| x | | | | | | | | | | | | | | | | xi | xia | xie | xiao | xiu |
| zh | zha | | zhe | zhi | | | zhai | zhei | zhao | zhou | zhan | zhen | zhang | zheng | zhong | | | | | |
| ch | cha | | che | chi | | | chai | | chao | chou | chan | chen | chang | cheng | chong | | | | | |
| sh | sha | | she | shi | | | shai | shei | shao | shou | shan | shen | shang | sheng | | | | | | |
| r | | | re | ri | | | | | rao | rou | ran | ren | rang | reng | rong | | | | | |
| z | za | | ze | | zi | | zai | zei | zao | zou | zan | zen | zang | zeng | zong | | | | | |
| c | ca | | ce | | ci | | cai | | cao | cou | can | cen | cang | ceng | cong | | | | | |
| s | sa | | se | | si | | sai | | sao | sou | san | sen | sang | seng | song | | | | | |

| ian | in | iang | ing | iong | u | ua | uo | uai | uei (ui) | uan | uen (un) | uang | ueng | ü | üe | üan | ün |
|---|---|---|---|---|---|---|---|---|---|---|---|---|---|---|---|---|---|
| yan | yin | yang | ying | yong | wu | wa | wo | wai | wei | wan | wen | wang | weng | yu | yue | yuan | yun |
| bian | bin |  | bing |  | bu |  |  |  |  |  |  |  |  |  |  |  |  |
| pian | pin |  | ping |  | pu |  |  |  |  |  |  |  |  |  |  |  |  |
| mian | min |  | ming |  | mu |  |  |  |  |  |  |  |  |  |  |  |  |
|  |  |  |  |  | fu |  |  |  |  |  |  |  |  |  |  |  |  |
| dian |  |  | ding |  | du |  | duo |  | dui | duan | dun |  |  |  |  |  |  |
| tian |  |  | ting |  | tu |  | tuo |  | tui | tuan | tun |  |  |  |  |  |  |
| nian | nin | niang | ning |  | nu |  | nuo |  |  | nuan |  |  |  | nü | nüe |  |  |
| lian | lin | liang | ling |  | lu |  | luo |  |  | luan | lun |  |  | lü | lüe |  |  |
|  |  |  |  |  | gu | gua | guo | guai | gui | guan | gun | guang |  |  |  |  |  |
|  |  |  |  |  | ku | kua | kuo | kuai | kui | kuan | kun | kuang |  |  |  |  |  |
|  |  |  |  |  | hu | hua | huo | hual | hui | huan | hun | huang |  |  |  |  |  |
| jian | jin | jiang | jing | jiong |  |  |  |  |  |  |  |  |  | ju | jue | juan | jun |
| qian | qin | qiang | qing | qiong |  |  |  |  |  |  |  |  |  | qu | que | quan | qun |
| xian | xin | xiang | xing | xiong |  |  |  |  |  |  |  |  |  | xu | xue | xuan | xun |
|  |  |  |  |  | zhu | zhua | zhuo | zhuai | zhui | zhuan | zhun | zhuang |  |  |  |  |  |
|  |  |  |  |  | chu | chua | chuo | chuai | chui | chuan | chun | chuang |  |  |  |  |  |
|  |  |  |  |  | shu | shua | shuo | shuai | shui | shuan | shun | shuang |  |  |  |  |  |
|  |  |  |  |  | ru | rua | ruo |  | rui | ruan | run |  |  |  |  |  |  |
|  |  |  |  |  | zu |  | zuo |  | zui | zuan | zun |  |  |  |  |  |  |
|  |  |  |  |  | cu |  | cuo |  | cui | cuan | cun |  |  |  |  |  |  |
|  |  |  |  |  | su |  | suo |  | sui | suan | sun |  |  |  |  |  |  |

中国全図

蒙　古

●烏魯木斉

□喀什

新疆維吾爾自治区

□敦煌

甘粛省

黄

銀川 ●

青海省

西寧 ●

寧夏回族
自治区

兰州 ●

陝西省

西蔵自治区

喜
馬
拉
雅

尼
泊
爾

山　珠穆朗玛峰
▲　脈

● 拉薩

長

江

四川省

成都 ●

◎重慶市

不　丹

貴州省

● 貴陽

印　度

孟加拉国

● 昆明

雲南省

広西壮族

緬　甸

越　南

老　撾

俄罗斯

黑龙江省
●哈尔滨

内蒙古自治区
长春●
吉林省

河
呼和浩特●
沈阳●
辽宁省

◎北京市
河北省
◎天津市
大连□
渤海
朝鲜

太原●
●石家庄
韩国

山西省
●济南
青岛□

山东省
黄　海

西安●
□洛阳　●郑州
江苏省

河南省

安徽省
苏州
□
●合肥
南京●
◎上海市

湖北省
●武汉
●杭州

长沙●
●南昌
浙江省

东　　海

湖南省
江西省

福建省
●福州

桂林□
台北●

自治区
广东省
厦门
□

●南宁
广州●
台湾

□深圳

澳门
香港（特别行政区）

（特别行政区）

海口●
海南省

日本

东京●

日　本

| 北京　首都 |
| ● 省都と特別行政区 |
| ◎ 直轄市 |
| □ 有名都市 |
| �763 万里の長城 |